別讓無效社交害了你

掌握人際交往心理學
擺脫以數量論社交的
人生陷阱

朱鴻霏——著

目錄

CONTENTS

4 CHAPTER

做個善解人意的人，懟人並非你社交的目的

5 CHAPTER

難得糊塗，並非所有事情都要明明白白

6 CHAPTER

你若太看重面子，生活將一團亂麻

7
CHAPTER

社交不可情緒用事，否則所有人都離你遠去

8
CHAPTER

商場社交，讓每個客戶都對你青睞有加

序

PREFACE

請停止無效社交

在當今這個八〇後、九〇後佔據主體地位的社會中，我們發現了一個很嚴重的現象：因為大多數家庭都是獨生子女，這就造成了孩子從小就像皇帝、公主一樣集萬千寵愛於一身，也造成了他們做什麼事情都喜歡以自我為中心，不顧及他人的感受。

在家裡，家人會因為溺愛讓著你；在學校裡，因為你還是孩子，老師也不會過度地苛責於你——但是步入社會後，你會發現沒有人再對你忍讓了。

這時，如果你還是一切以自我為中心，不懂在社會中如何與他人交往，你會處處受人排擠，而且沒有人會喜歡你。

有句話說得好：「人在江湖飄，哪能不挨刀。」每個人都身在江湖，而面對如今這個競爭激烈的社會，你若是不懂一些「江湖規矩」，不懂社交禮節，迎接你的只能是一把把「飛刀」。

所以，想要在這個社會中生存，你首先要學會與他人的相處之道。

步入社會後，你會發現遇到的不再是在家裡時遷就你的親人，不再是在學校裡時跟你一樣的學生，而是形形色色有著不同性格、思想的社會人士。如何與他們打交道及能否獲得成功，這關係到你能否在社會上如魚得水。

這個社會不會是你一個人的，你只是在大環境中生存的一員。在這個社會中，你需要別人，也要做一個別人需要的人，這樣你才能更好地生存下去。

當你遇到困難時，你一定需要他人的幫忙；當你寸步難行時，你更需要他人推你一把。所以，當你稍有成就時，一定不能得意忘形……這些都是你在這個社會中生存需要懂得的規矩，也就是我們俗稱的社交。

希望每一位讀者能夠從此書中得到啟發，以便在社交場合中做到遊刃有餘。

1
CHAPTER

你的社交要有品質，不要只有數量

用得動的才是人脈

許多人常把「多個朋友多條路，少個敵人少堵牆」這句話掛在嘴邊，認為朋友越多，出路越多；而認識高端人士，就自詡有了高端人脈。

阿瑤就是這樣，她的微信列表有七百多個好友，親友、同學、同事、鄰居，就連送外賣的小哥她都加了微信。但是，她跟九十%的微信好友都不常聯繫，有的好友甚至加了兩、三年都沒說過一句話。

每次朋友勸阿瑤清理一下朋友圈，她就用一副過來人的表情說：「哎，你們不知道，A學的是美術，萬一哪天我需要找人學畫畫呢？B在醫院當護士長，要是誰生病了，不是能幫著掛個號嗎？C的表哥是當紅小鮮肉的助理，要簽名多方便呀。」

總之，她留著這些聯繫方式，就是盤算著將來某一天他們能幫到自己。可誰也不是傻瓜，如果你不能給對方帶來利益，人家憑什麼被你白白利用呢？

所謂「人脈」不是指你認識多少人，而是能用得上且用得動幾個朋友。就拿阿瑤來說吧，前段時間，她和同事小米在茶水間聊明星八卦，小米說自己的偶像是張××，她接話道：「啊，你是他的粉絲呀！我朋友是他的助理，我幫你要一張他的簽名吧。」

小米聽了特別高興，下班還特意請她喝咖啡。

晚上，阿瑤就給C發微信，說想讓他表哥幫自己要一張張××的簽名照。幾分鐘後，C回覆說：「哦，我們兩家只是表親，這麼點小事就別麻煩人家了。」

阿瑤又發了幾條消息，無非是想讓C幫幫忙，可C再也沒回覆她。最後，為了實現自己的承諾，她從網上花五千元從另一位粉絲那兒買了一張簽名照送給了小米。

那段時間，小米和阿瑤走得特別近，逛街、看電影、喝咖啡，參加什麼活動都在一起。當時，阿瑤覺得這錢花得特別值！

幾個月後，阿瑤跳槽了。自從她離職以後，小米就不怎麼跟她聯繫了。有一回，她房租到期打算搬家，給小米打電話，誰知小米卻在電話裡推三阻四，根本不願意來幫忙。

阿瑤再翻閱微信列表，發現能叫得動的朋友就兩個。那一刻，她覺得自己保留那麼多微信好友是件特別愚蠢的事。

像阿瑤一樣注重交際的人不在少數，利用校園、公司等平臺建立的「人脈」，一旦離開那些平臺，她和對方的互利價值就土崩瓦解，自然，她也變成一個無關緊要的人了。

不少人都積極鑽營人際關係，千方百計地想從別人身上討到好處，認為廣泛交友是在積累人脈，並將人脈的作用誇大到無以復加。殊不知，你積累的根本不是人脈，而是通信錄。

社交蒸發冷卻效應可以總結如下：最想認識別人的人，往往是別人最不想認識的人；最想約會女神的人，往往是女神最不想約會的人；最想說話的人，別人往往最不想聽他說話。

所以說，認識≠人脈，能夠實現互惠的社交才是人脈。人脈需要經營和互惠，那些虛無縹緲的人際關係於你而言沒有任何價值，擁有一段可靠的社交關係、一個用得動的人脈就足夠了。

真正的社交是給予多過索取

很多人的社交目的是為了有個好人緣，以便讓別人在關鍵時刻拉自己一把。實際情況是，你的身邊大多都是點頭之交，平時見面寒暄一下，如果你向他提出什麼要求，八成他會毫不猶豫地拒絕你。

回憶一下你和他人的交往，你會發現，朋友和點頭之交最明顯的分界線，就是你們聯繫的管道和頻率。比如，你經常跟朋友逛街、吃飯，到彼此家中做客，而和點頭之交的交往則是通過社交軟體。

想要保證社交對象的品質，就要學會控制朋友圈，不能把認識的人都囊括到裡面來。如果你們在某個層面無法實現互利共贏，那麼，你們的交往就是分散精力、徒增煩惱的無效社交。

自從微商（電子商務模式）這個職業火了以後，不少人前赴後繼，投身朋友圈做銷售事業。笑笑也想分一杯羹，從熟人那裡拿了一萬多元的減肥產品，成為某品牌的高級代理。

熟人跟她說，先通過附近的人、各個社交平臺加好友，然後再把她拉到一個微商培訓群，會有銷售老師教她如何經營自己的朋友圈。

笑笑心想：「擴展好友這事也太簡單了，只要我跟朋友們說一聲，讓他們的朋友、同學都加我就行啦！」但令人感到意外的是，朋友一個個都答應得挺痛快，可等了半天就是沒人加她。

過了幾個小時，笑笑忍不住了，跟一個朋友說：「我之前聽你說，你姐一直想減肥，你把她的微信號給我，我給她介紹一下我代理的產品。」

幾分鐘後，朋友回覆說：「嗯，剛才我問我姐了，她打算辦健身卡，運動減肥。」

笑笑不死心地說：「哎呀，運動減肥太慢啦，萬一堅持不下來健身卡就白辦了。你跟你姐說一聲，先了解了解嘛，我代理的產品也不貴，一千多元一個療程，一周就見效。」

朋友發了個笑臉的表情，答應會跟她姐說。兩分鐘後又回覆笑笑，說她姐就想運動減肥，不打算吃減肥藥。

折騰了三、四天，笑笑才加了三十幾個人。她在微信上跟我吐槽：「這幫朋友真是白交了，讓他們幫我推銷一下產品都推三阻四的。」

我敷衍著跟她聊了一會兒，找藉口結束了對話。

其實，如果笑笑找我幫這個忙，我也不會幫。市場上的減肥藥大多都有副作用，而且這兩年關於減肥藥的負面新聞也有不少，萬一笑笑代理的減肥藥沒有效果，甚至會吃壞身體，那不是坑害朋友嗎？幫她宣傳，對其他人來說，只能是有百害而無一利。

基斯・法拉奇在《別獨自用餐》中提出了這樣的觀點：**真正的社交是使別人更成功，是努力讓給予大於索取**。如果你不斷地向別人索取好處，而無法給對方帶來利益，那麼結果就會像大熊一樣。

前段時間，大熊去一家汽車保險公司上班。總經理說，一個月達到三個單子的業績，就能升任主管。大熊心想，我可以先找幾個熟人買車險，這樣我就能當上主管了，待遇也會有所提高。

過了三個月，大熊辭職了。我問他：「公司待遇不是挺好的嗎，怎麼不幹了呢？」

大熊告訴我，原來只有每個月業績都達標才能被提拔當主管，他就第一個月業績達標了，後面兩個月裡連一份車險都沒有賣出去。

「想想也是，要是賣出幾份車險就能當主管，那公司大多職員都是主管了。可是，我也沒那麼多朋友需要買車險，向陌生人推銷車險接二連三遭到拒絕，所以就辭職了。」大熊無奈地說。

之前購買大熊推銷車險的朋友，是因為他們本身就需要買車險，而且大熊還能給他們一些優惠，所以願意購買。但是，其他朋友並沒有買車險的需求，又怎麼會花錢買人情呢？

回顧以往的社交經歷，你會發現，越是要好的朋友，你們之間互助的事就越多。比如，你搬家時會請好友來幫忙，好友遇到麻煩時也會向你求助。

正如《別獨自用餐》中說的那樣：我們生活在一個互相依存的世界，所有的組織單位都在尋找自己的合作夥伴，自由人越來越多。他們也發現，只有與他們合作才能實現自己的目標。人們越發清晰地意識到，在零和遊戲中，雖然有一方獲取了所有利益，但從長遠來看，雙方都得不到好處。

然而，很多人都不明白社交的意義，採用「鴕鳥社交」的方式——他們像鴕鳥一樣把頭埋在沙子裡，認為社交只實現自己的目的就可以了。事實是，你能為他人創造價值，他人才會渴望與你接觸——雙贏才是社交關係中不可或缺的紐帶。

話鋒不對立刻轉移，在「拐角」投其所好

在交際中，我們難免會遇到話不投機時的冷場，這時我們不能放棄交流，而要趕緊轉換到新話題，避免讓窘態繼續下去。

很多時候，在溝通時我們還需要找對方感興趣的話題，投其所好，這樣才能把話說到他的心窩裡去，贏得他的好感。有人說過：「如果你轉換的話題能讓人感興趣，那麼，你就是很厲害的溝通高手。」

有這樣一個案例：上半年，吳玉被調到市場招商部門，每天的工作以「掃商業街」為主——挨門挨戶去跟老闆談下一年的續約。

剛開始的一個星期，吳玉很不適應招商的工作，她每天早上都去門店晨訪，可不知道自己該帶什麼禮物。由於早上店老闆都比較忙，她覺得只打招呼又不太好。有時候下午去店裡拜訪，又不知道跟老闆聊什麼，怎麼才能聊到老闆感興趣的話題，天天為工作的事發愁。

於是，經理讓余薇教教吳玉如何拉近與店老闆的關係。

這天，余薇買了份早點和吳玉一起到姜女士的店裡拜訪。姜女士開了一家服裝店，她正忙著整理服裝。

余薇關切地問：「姜姐，今天這麼忙呀？」姜女士回答：「昨天新到了一批女裝，還沒來得及擺出來，這不，現在正整理著呢！」

余薇：「你還沒吃早餐吧？」姜女士搖搖頭說：「忙活一個多小時了，等中午的時候再吃吧。」

余薇：「早上我從店前路過就看見你在忙，猜到你還沒吃早餐，這不，我給你買了一份。你先去吃點東西吧，剩下的這幾件衣服，我跟小吳幫你整理。」

姜女士連聲道謝，說：「哪兒能麻煩你們呀，就這幾件衣服一會兒就弄完了，你們先在沙發上坐會兒吧。」

姜女士忙完後，跟余薇、吳玉聊天。吳玉看著模特身上的衣服說：「這條破洞褲的洞也太大了，會有人喜歡嗎？」

姜女士一愣，表情有點不自然地說：「會呀。」

余薇瞟了一眼吳玉，接話說：「姜姐眼光可好了，每次都進潮牌衣服，電視上我看到好幾個女星都穿過這種褲子。姜姐，前兩天我在微博上看到一個明星在牛仔褲外加了一條紗裙，感覺好潮呀，你店裡有那種紗裙嗎？」

「有呀！」姜女士從衣架上拿出一條明星同款紗裙，說：「這款紗裙材質、做工都不輸大牌，而且價格很實惠哦。余薇，以後你和朋友來我這兒買衣服，我給你最低價。」

沒過一會兒，余薇和姜女士就從衣服的穿搭聊到生意好壞的問題。余薇看時間不早了，就和吳玉告辭了。姜女士還對余薇說，不忙的時候就來店裡玩，覺得跟她特別聊得來。

「酒逢知己千杯少，話不投機半句多。」在人際交往中，如果你不能迅速地跟他人找到共同話題，很可能就會失去一次重要的機會，甚至引起對方的不滿。上述案例中，吳玉不小心說錯了話，讓姜女士有些不滿，幸好余薇立刻轉移話題，才保證了交流的順利進行。

在交際中，我們會碰到形形色色的人，有時難免會話不投機，遭遇尷尬。如果雙方都不願多說，呆呆地坐著，就無法打破僵局有進一步的溝通。當然，這也就更談不上建立良好的社交關係了。

最好的解決辦法是，找到對方感興趣的話題，打開他的話匣子。如果能做到這一點，你就會成為交際高手，在交際中佔據主導地位。因為，大家都有交際目的，都想把話說到對方的心窩裡去，這就必須學會投其所好，說對方感興趣的事。

有些人不以為意，在溝通時只顧說自己的話，辦自己的事。如果細心觀察，你會發現這種交際方式的成功率很低。所以，掌握一些說話技巧很有必要。

但是，這說來簡單，事實上做起來不易，因為說話的人個個不同，尋找共同話題的方式也會有異。語言是溝通的基礎和橋樑，在交際中你只有投其所好，並且讓自己的語言更富感染力，更能打動人，才能獲得溝通效果。

與人交流，轉換話題之前要先進行觀察，因為，如果你無法找到對方感興趣的點，即使開啟新話題依然不會讓他滿意。

通常而言，我們可以通過觀察對方的穿著、表情、言談舉止等找到他感興趣的點。其中，觀察一個人的裝扮是最有效的辦法，我們能從中看出他的職業、喜好、身份、地位和內涵、品位。

讀懂這些之後，你就能準確地找到合適的話題了。

如果當時不能進行正確地觀察，我們還可以適當地了解一下——從對方的「特點」開始主動詢問他，比如詢問他的事業、生活和興趣愛好，這些通過寒暄都能得知。

一般而言，我們談論最多的是對方的興趣愛好，因為它不會顯得很唐突。

你可以採用拋磚引玉的方式——先說本人的興趣愛好，再讓對方自然而然地說出自己的愛好，然後尋找彼此的共同點。這樣一來，新話題就開啟了，而且還是雙方都感興趣的話題。

在人際交往中，要想在短時間內建立良好的溝通氛圍，避免話不投機，就必須找到談話的「契合點」——對方感興趣的話題。

另外，值得注意的是，在交談中不要以自己為中心，而要注意對方的情緒，看他是否願意交談。如果發現對方不感興趣或是在應付，千萬不要猶豫，立刻轉移換話題——你拖得越久，對方對你的好感也就越少。

只有彼此之間產生共鳴，才能使談話進行得更深入，更愉快。所以說，以自我為中心是「孤掌難鳴」，無法完成交際的目標。

話不投機是交際的主要障礙，要是不及時轉移話題，對方會拒絕繼續溝通。實際上，要想成為交際高手，絕不能給對方說「不」的機會——通過及時觀察，迅速找到共鳴點，溝通就能繼續下去。

說話要投其所好，要在最短的時間內讓對方對你的話題感興趣，這樣他才能慢慢接受你。這需要你有很高的說話技巧，平時你只有多觀察、多鍛煉，才能讓自己成為交際高手。

讓人視你為知己，有相見恨晚之感

參加聚會的時候，我們常常會碰見這樣的人，他的周圍好似散發著一種神奇的魔力，讓大家不自覺地就想接近。他的容貌也許並不出眾，但一開口就能讓你不自覺地對他敞開心扉，有些人會把他當作知心朋友，甚至視為知己，與他交流一些專業領域的意見……總之，所有人對他都有一種一見如故、相見恨晚的感覺。

相信在有很多陌生人的社交場合，每個人都希望自己能夠左右逢源，與對方有一見如故之感。但現實往往是，我們總是看到別人侃侃而談，自己卻總是在角落裡無所事事的那一個。

這時候，相信誰都會懊悔：為什麼自己就跟別人聊不到一塊兒呢？

其實，這並非難事，只要你懂得從恰當的話題開始說起就行。因為，與人交談，話題能否給別人留下好印象是非常重要的。試想：如果你初次遇到一個人，他只是跟你聊一些無聊的話題，你會喜歡他嗎？恐怕不會吧。

電影《冰雪女王3》上映的時候，小敏特別開心，在辦公室問：「下班後誰跟我一起去看電影？」

阿飛問：「最近有什麼好電影上映嗎？」

小敏連聲說：「有呀，有呀，是《冰雪女王3》。前兩部超好看的，我特別期待這一部。」辦公室裡幾個女同事也附和說，前兩部影片確實很好看，並且打算下班後買票一起看。

阿飛聽大家都說這部電影口碑好，小聲嘀咕道：「什麼好電影呀，我怎沒聽說過。」說著，他上網一搜，這才知道原來是一部動畫片，於是詫異地說：「天哪，你們都多大的人了，還看這種動畫片？幼不幼稚啊！」

原先歡快的氣氛一掃而空，幾個女同事的臉色瞬間就不太好看了。一個同事打圓場說：「這種電影老少皆宜，都可以看的。」

阿飛卻沒完沒了，繼續吐槽：「你們女人真有意思，去電影院不看動作大片或愛情片，反而看動畫片，真是有錢，這種電影在手機上看看就行了。」

幾個女同事撇撇嘴，不言語了，但從那以後，她們對阿飛的態度都冷冰冰的。

你的身邊是否也有這樣的人：

你戴著新買的項鍊，對方瞟了幾眼就開始刨根問底：「多少錢買的呀？」「哎呀，一萬多元可以買條金的啦，你怎麼還買彩金的呀？你太傻了，買虧了！」

你換了一個新包，對方說：「哎呦，你怎麼又換包包啦？一看就知道不便宜，你的工資都花在這些東西上了吧？」

總之，他們一張嘴就是負能量，話題永遠圍繞著自己，似乎你不按照他的思維模式生活，你的人生就糟糕得一塌糊塗。

很多時候，我們認為這些人說話刺耳並不是出於惡意，而是直言不諱。但是，這種充滿負能量的話聽一次兩次沒關係，三次四次就會讓人心生反感。時間長了，即使對方不是有意的，我們也會不自覺地疏遠他——誰也不願意整天跟一個說話帶刺的人在一起。

其實，實現有效社交就是說話讓對方覺得舒服。說話不僅是一種能力，也是一種修養。那麼，如何讓自己成為受人尊敬和歡迎的人呢？

有人做過一個比喻：人的社交圈以自己為圓心，以年齡、愛好、經歷、知識等為半徑，由此構成了無數個同心圓。所以，你與他人的共同點越多，交叉面積越大，就越容易引起共鳴。

為此，在與他人交流時，找到合適的切入點至關重要——切入得好，一切都會水到渠成；切入得不好，可能會從此產生隔閡。

其實，每個人的心裡都有一個柔軟而溫暖的角落，那裡住著自己最親近的人，一旦他發現你也在關心他所關心的人，他就會對你產生一種親近感。

所以，你在說話時不妨利用一下人們的這種心理傾向，以對方最關心的人作為切入點，由此而拉近彼此的關係。

小顏剛畢業的時候，不知道自己該做什麼，無意中看到一家美甲店招學徒，就到店裡當了美甲學徒。一段時間後，小顏覺得美甲師這份工作很有意思，就打算長久從事這一職業。

有一次，老闆娘的兒子過生日，那天恰巧也是小顏的國曆生日。老闆娘知道後，覺得跟小顏特別投緣，還特意給她買了蛋糕，祝她生日快樂。從此以後，小顏都在那個日子過生日，老闆娘也待她如乾女兒一般，經常邀請她去家裡玩。後來，老闆娘開了一家分店，就讓小顏到店裡當店長，年底還給她分紅。

與國外的習俗不同，中國人有兩個生日，分別是國曆生日和農曆生日。大多數人都過農曆生日，小顏也不例外。

不過，當她得知自己的國曆生日跟老闆娘兒子的農曆生日是同一天後，此後的每一年她都跟老闆娘兒子在同一天過生日，以此在老闆娘心中建立起親情意識，讓老闆娘覺得她是個值得信賴的人，從心理上對她產生認同感。

在生活中，如果遇到類似情況，你也不妨試試這個辦法，先跟對方聊一些題外話，淡化彼此的生疏感，再逐漸地引入正題，這樣做的效果遠比直接談論工作要好得多。

社會就像一個繽紛的萬花筒，你總會遇到不同的人，有的人鋒芒畢露，有的人靦腆內斂，不過沒關係，這並不影響你的交際——只要你找出人的共性，將感動送至每個人心底最柔軟而溫暖的角落，那麼，不管對方是誰，他都會對你產生親近感。

丟掉羞怯，邁出社交的第一步

在陌生的場合裡面對陌生的人，特別是比自己事業優秀或地位尊貴的人，有些人就會萌生一種羞怯的自卑心理，於是不敢開口表達自己了。

有時候，在公眾場合裡被要求站起來講話時，他們也會覺得渾身不自在，無法清晰地進行思考，也就不知道該說些什麼了。

一般來說，導致羞怯的原因有三種：

第一種，習慣性羞怯。這類人的性格本身內向、沉靜，見到陌生人就會臉紅，對陌生人常常懷有膽怯心理，不敢表達自己的想法。

第二種，認識性羞怯。這類人過分強調自我，有嚴重的患得患失心理，生怕自己的一舉一動遭到別人的恥笑，所以只有在很有把握時才敢說話或行動，而一旦準備不足就會失去方寸。

第三種，挫折性羞怯。這類人本身不羞怯，但因為曾經在交際中遭受過失敗，產生了心理陰影，所以對交際會「望而卻步」。

想要真正地掌握說話的藝術，做一個成功的人，在學習口才之前，首先要解決的就是心理問題——你必須擴大自己的心理開放區域，勇敢、開朗、坦誠地表現真實的自我，不要怕暴露弱點和缺點。

你若是不敢開口，那麼不管你是誰，都不可能練好口才，更不能為自己的交際錦上添花。人生的種種機遇往往都要用口才來開拓，種種成功也要靠口才來促成，所以口才是每個人的標配。

夢瑤是我大學時期的同學，記得在學校的時候，她性格很內向，總是一個人坐在角落裡默默地看書，也不跟其他同學交往。因此，很多同學對她的印象都不深刻。

幾年後，我去參觀一個貿易展覽會，在一個展覽區裡看到了夢瑤。偶遇同學是一件很興奮的事，我便上前跟她打招呼。

當我走到夢瑤那個展櫃的時候，聽到了她跟一位顧客的談話，瞬間讓我詫異不已——真沒想到幾年不見，她居然這麼能說會道！

當時，那位顧客也只是偶然經過夢瑤那個展櫃，隨意看看產品。只聽夢瑤上前問道：「請問，您有什麼需要？」

顧客對產品不太感興趣，隨意回答道：「沒什麼想買的，就隨便看看。」

夢瑤微微一笑，說道：「是啊！很多人也說過這樣的話。」正當顧客得意之時，她又接了一句，「但他們後來都改變了主意。」

「哦？為什麼」」顧客好奇地問。

然後，夢瑤就開始正式向這位顧客介紹她們公司的產品。

我站在一旁，當時夢瑤並沒有看到我。我聽著她口若懸河地跟顧客介紹著產品的功能，心想，這還是幾年前那個內向而不愛說話的女生嗎？

當夢瑤忙完了，抬頭看到我時也很詫異，隨即笑著跟我打招呼。我們約好一會兒忙完後一起去吃頓飯，敘敘舊。

吃飯時，我們聊了聊彼此的近況。與夢瑤聊天讓我感到非常愉快，我由衷地讚歎道：「上學的時候都沒怎麼見你跟其他同學交流，沒想到現在你的口才這麼好！」

夢瑤微微一笑，說道：「那時我內向、害羞，不敢說話是因為不知道說什麼。但到了社會上，沒辦法，尤其是當了業務員以後，不說話怎麼能銷售出去產品呢？」

「所以，剛做這一行的時候，我買了很多口才方面的書學習，每天對著鏡子練習。然後，我拋掉所有的羞怯，大膽地跟每一個陌生人介紹自己，介紹我背得滾瓜爛熟的產品資料。慢慢地，我也就變得這樣能說會道了！」

通過夢瑤的故事我們可以看出，即便是內向的人，只要勇於開口，敢於多說，你也會成為一個能說會道的人。沒有誰天生就口才好，就像沒有誰天生就學習好一樣，那都是需要不斷思考和練習得來的。

前段時間，阿誠到一家星級餐廳面試。經理瞧他歲數不大，就讓他到後廚露一手。就在阿誠和麵的時候，主廚走了過來，他看阿誠長得細皮嫩肉的，調侃說：「小子，你的手那麼細嫩，你覺得自己能當好廚師嗎？」

這是一種非常明顯的諷刺，尤其是當著經理的面這樣說，無疑是在破壞這次面試。阿誠聽了這話，臉頰有些發燙，但是一瞬間他就控制住了自己的情緒，他停下手裡的活兒，然後轉過身去，用平靜的語氣說：「是的，雖然您不看好我，但我還是要試試。」

停頓了一下，他補充道：「不過我對自己的手藝很有信心，我曾拿過全國西點師技能比賽的優勝獎。」然後，他注視著主廚的眼睛，又說道，「我知道您的廚藝很高超，希望您以後能對我指點一二。」

這番話說完，主廚立刻收起了輕蔑的態度，甚至變得友好起來，說道：「那你加油吧。」

一個小時後，阿誠做的蛋糕烤好了。經理和主廚嘗過後，都點頭說好吃。阿誠順利被錄用了，主廚也沒有再為難他。

有些人說，看到別人口吐蓮花、左右逢源，自己也會羨慕，也渴望能在交際中遊刃有餘地表達自己好贏得別人的賞識，可又不知該如何去克服羞怯的心理障礙。

羅斯福曾經說過：「每一個新手，常常都有一種心慌病。心慌病不是膽小，而是精神過度緊張。」你要明白，害怕當眾講話不是個別現象，那些能在舞臺上侃侃而談的大師，有很多人也曾為說話發過愁，甚至就連在臺上時他們也沒有完全克服恐懼感。

比如，甘地第一次演講時，他甚至不敢注視觀眾的眼睛；雄辯家查理士第一次上臺時，緊張得兩條腿直打顫；古羅馬演說家希斯洛第一次當眾演講時，也是臉色蒼白，四肢顫抖。

當你知道不好意思當眾講話是多數人都存在的一種普遍心理時，你就會感到輕鬆一些。接下來，你要做的就是努力去克服這個心理障礙。

法國的斐迪南・福煦大將曾經說過：「戰爭中最好的防守就是進攻。」當你對羞怯採取了一種攻勢，那麼，克服它就不是一件困難的事了。至於具體該怎麼做，這裡有幾條建議：

首先，多肯定自己。

口才好的人，通常都自信十足。平日裡，你要學會善於發現自己的優勢，多肯定自己，少為羞怯找藉口。當你不斷地給予自己積極的心理暗示時，你會發現自己其實挺優秀的。我們只要把自己真實的內心表達清楚就好了，不需要有太多的顧慮。

為了培養自信，在當眾演講之前，我們可以在心裡默念「我可以」「我已經準備好了」之類的話，從內心深處相信自己。

你還可以在上臺前做幾次持續三十秒的深呼吸，這樣可以增強大腦的供氧量，不僅能使頭腦更加清醒，還能增加自己的勇氣。

其次，別怕被他人議論。

被人議論是一件再正常不過的事，你不必過分擔憂。每個人都有過當眾講話時怯場的經歷，但如果因此而把它當成一種心理負擔，從而過分地壓抑自己，變得不敢再跟他人交談，不僅無法享受到交談的樂趣，還可能埋沒自己的潛能。

再次，忘掉恐懼感。

想走出緊張的心理狀態，就得勇敢地面對問題。當你必須說話的時候，應該把注意力放在你要說的話而不是他人的看法上，更不要去想「我害怕」「萬一說錯了怎麼辦」，當你一心一意只專注於自己要說的話時，恐懼就會自動消失。

最後，理性面對失敗。

「人非聖賢，孰能無過？」每個人都會犯錯是正常的事，一次失敗並不能說明你不優秀——只要找出問題的根源，避免以後再犯同樣的錯誤就行了，無須耿耿於懷。

最後總結一下，你想讓自己流利地表達己見，順暢地與他人溝通，最重要的是讓自己習慣於開口講話！

所以，在任何場合，你都要積極地把握交際機會，學習說話技巧。最簡單的辦法是，先從跟同事、客戶打招呼入手，等到說得多了，你就會發現自己越來越習慣與人講話，不再羞怯和緊張了。

多點幽默感，為陌生的環境增添歡樂

美國心理學家赫布・特魯說：「幽默可以潤滑人際關係，消除緊張，減輕人生壓力，使生活更有樂趣。它把我們從個人小天地裡拉出來，使我們一見如故，尋得益友。它幫助我們擺脫窘迫和困境，增強信心，在人生的道路上知難而進。」

所以說，幽默是一種十分奇妙的溝通方式，它可以說明我們解決生活中的一些難題——只要在溝通中融入幽默的元素，那麼溝通就是愉快的。

日常交際中，高手或許不是最會說話的人，但是他們善於運用幽默，能夠通過幽默的方式讓聽眾更易接受他們所表達的意思。

前段時間，社區裡新開了一家名叫「快意江湖」的主題餐廳，不但點餐要用權杖，就連包廂的名字都來自武俠小說裡面的名稱，比如風陵渡、天地會、絕情谷。

我和幾個朋友到這家餐廳吃飯，剛進門，迎賓的服務生就拱手抱拳，鏗鏘有力地問：「敢問大俠，此次出行帶了多少人馬？」

一個朋友也拱手抱拳，說：「六個人，沒騎馬。」話音剛落，服務生和前廳的顧客都笑了起來。

在日常交際中，幽默就像必不可少的調味劑。比如，朋友聚會，長時間靜坐沒有人說話；或結伴旅行，大家都感到疲憊的時候，氣氛會讓人感到沉悶和難受。這時，假如一個充滿幽默感的人說一句笑話，一定可以改變氣氛，從而給大家帶來歡樂。

若是在朋友聚會中適當地開個玩笑，那也可以營造一種活躍的氣氛，讓彼此的友誼更加堅固。

我們都知道，亂丟垃圾是一個讓人十分頭疼的問題，不過，荷蘭的一座城市卻採用了一個十分有趣的方法，從而使環境變得非常乾淨。

其實，這座城市曾採用過加大罰金和加強巡視的方法，不過所起到的作用很小。後來，城市管理者想到了一個方法，那就是在垃圾桶上裝一台答錄機，讓垃圾桶跟那些亂丟垃圾的人「說話」——每當垃圾被丟進垃圾桶後，垃圾桶就會說一段笑話，而且不同的垃圾會對應不同的笑話。

用這樣的方式來吸引人自覺地倒垃圾，效果不言而喻。

無獨有偶，在美國街頭，當垃圾被扔進一些垃圾桶的時候，垃圾桶就會說：「好吃好吃，再給我吃點。」

幽默的神奇之處在於，當我們用它表達意見時，更容易被他人接受，這樣溝通會更加順利。也就是說，幽默往往能以使人愉悅的方式表達自己的真誠和大方，從而拉近人與人之間的距離，甚至消除隔閡。

幽默是人類獨有的特質，它可以化解衝突或尷尬，同時給人帶來快樂——那些富於幽默感的人走到哪裡都會受人歡迎。

雖然幽默的力量不容小覷，但我們也不能過分地誇大它的作用——因為凡事過猶不及，得把握好一個尺度。

培養親和力，為你帶來好人緣

親和力，是指與人交往時，一個人所散發出的讓對方喜歡、讚賞的吸引力。親和力在人際交往中非常重要，它能凝聚交往雙方的力量，從而使你的溝通更有魅力，為你建立和諧的人際關係。

無論是在職場競爭中，還是在商業談判中，或是在與異性的交往中，具有親和力的人總是能佔據更大的優勢。努力打造自己的親和力，可以為你帶來好人緣。

張甜甜就是一個非常有親和力的人。當時，公司裡有一個合作專案，需要張甜甜所在的業務部跟對方洽談業務，可是部門主管劉經理都跑斷了腿，合作還是沒談成。後來，這個任務交給了張甜甜，沒想到，她接受任務的第二天就簽了合同。

合作公司的經理對業務部劉經理說：「你們公司的張甜甜真是太有親和力了，她那張真誠和甜美的笑臉給我留下了很好的印象，其他人可沒有她那樣的親和力。」

對此，劉經理專門為張甜甜的事情開了個會——他希望業務部的每個員工都要好好打造自己的親和力，以便贏得更多的好人緣，取得更好的業績。

劉經理說：「沒有人會拒絕一張親切的笑臉，就是張甜甜親切的笑容感染了對方。事實上，即便對方最初的態度很冷淡，但是你得用笑容來影響他，讓他覺得跟你很投緣。小張的笑臉就是她親和力的表現，有了親和力，就能獲得更多的人緣。」

親和力是你獲得更多人緣、維護良好社交的法寶，那麼，這就意味著在交談中你必須始終保持自信、積極的心態。親和力體現在諸多方面，比如，真誠友善，態度謙恭，集體意識強，能與人同甘共苦等特質。

親和力是溝通的綜合體現。具有親和力的人，一般都能掌控人際交往，佔據優勢地位，同時也更容易被對方認可。這是因為，這種人在交際中很容易吸引和感染對方，他的真誠友善會打動對方，令對方感到親切，從而感染對方也採取相同的態度對待他。

相反，一個人在與人交往時如果表現得傲慢、冷漠並充滿敵意，那麼就會使人感到不愉快，從而不願意與他交往。但是，一個人在交往中表現得羞澀、唯唯諾諾，這也不是親和力。因為，親和力不是退讓，而不斷地退讓並不能保證交際順利進行。

擁有開闊的心胸是打造完美親和力的方法之一。寬容的氣度可以減少不必要的矛盾和衝突，營造舒適的交際環境，維護人際關係的和諧。

胡鋒人緣好，朋友多，大家都覺得他為人處世有一手，有一種超凡的氣度。一次，有一個同事因為嫉妒胡鋒的好人緣，跟胡鋒的朋友鄭鈞說了胡鋒的壞話，想破壞他倆的關係。

鄭鈞把這件事原原本本地告訴了胡鋒，他覺得胡鋒一定會罵那個同事，並當面對質。胡鋒聽後，淡定地一笑，說：「我倆做朋友也不是一天兩天了，你信他的話，那今後就不用再跟我往來；如果還信我，我們仍然是朋友。」

鄭鈞聽後，非常驚訝，原來胡鋒這樣的胸懷開闊——別人在背後中傷他，他居然能坦然自若。

胡鋒接著說：「大家都是朋友，何必無中生有地把關係搞得這麼緊張？如果當面說破了，你失去了朋友的信任，我與你斷了緣分，對誰都不好。」

鄭鈞聽後，非常佩服胡鋒的氣度。

其實，胡鋒能夠跟朋友始終保持和諧的關係，得益於他寬容大度，從不斤斤計較。

謙恭和善的姿態是打造完美親和力的方法之二。這是對別人的尊重，也是對自己品行的要求，我們可以從中看出一個人的境界。這種態度平易近人，可以迅速拉近你與交際對象的距離，提升交際的融洽度。

用笑容感染對方是打造完美親和力的方法之三。親切的笑容是你留給對方最好的第一印象，在交談中能起到拋磚引玉的作用——只要燦然一笑，你就會贏來好人緣。

得體的話語是打造完美親和力的方法之四。話語不在於多少，而在於貼心、暖心，能說到人的心窩裡去——這樣可以使對方產生情感共鳴，從而創造出和諧的交談氛圍。

真摯地關心對方是打造完美親和力的方法之五。交際中，只要你投入了真摯的關愛，對方的心就會溫暖起來——這樣你們就會有更深入的交流，感情就會越來越近。

打造完美親和力至關重要，這不僅會給你帶來更多的好人緣，也會為你人生的成功鋪路。

2
CHAPTER

任何場合，都請注意你的「口無遮攔」

步入社會，就沒有什麼「童言無忌」

很多年輕人心直口快，有什麼說什麼，有的更是以懟人為樂。而也正因為他們是年輕人，沒人會跟他們計較太多。

但當你步入社會後，慢慢地會發現，那些從前在家裡、校園裡學來的心直口快行為，在社會上就顯得不成熟了。因為，口無遮攔總是會輕易得罪人。

小萍為人熱情，她曾多次為公司的女同事介紹對象，結果是成的少，無疾而終的多。公司裡有一位三十多歲的女同事，小萍也多次給她介紹對象，最終一個都沒成。許是一時心急，小萍在閒聊時大發感慨：「三十多歲還不結婚的人，心理肯定有問題。」那個女同事一聽，很生氣地說：「我怎麼就有問題了，你這麼說話合適嗎？你把話說明白一些。」

小萍也覺得自己說得有些過分了，連忙補充道：「對不起，我不是說你，我是說其他人。」一說完，她才想起來辦公室裡還有一個近四十歲的男同事至今未婚。頓時，辦公室一片靜默，好好的氣氛就這樣被破壞掉了。

年輕人一定要管好自己的嘴，別什麼話都不經過大腦就脫口而出——那樣很容易傷害別人，而且自己的威信也會降低，最終成為一個不受歡迎的人。

露露也是這樣，她說話時常常不顧及別人的面子，所以有時得罪了人她還不知道。同事和朋友經常說她口無遮攔，總是先說話後思考。

一次，閨密郝靈買了一條很漂亮的裙子——遺憾的是，因為她剛生完孩子，身材有些臃腫，穿起來顯得不太合適。

但郝靈很喜歡這條裙子，朋友們也都看出來了，所以不忍心打擊她，紛紛讚揚說：「這條裙子能顯出你的氣質，穿起來真好看，雖然貴了點，但物有所值。」「這件衣服真好看！在哪裡買的，改天我也去買一件。」

這一系列的讚美讓郝靈很受用，她非常高興。可是，這時露露卻說：「你身材都變形了，穿這條裙子真不得體——你看你的小肚子都露出來了，多難看！而且，衣服雖然挺貴，我看不值那麼多錢！花這些錢，我都能買好幾件不錯的衣服了……」

還沒等露露說完，郝靈便氣憤地走了。其他朋友也很生氣：「你是實話實說痛快了，可這不顯得我們虛偽嗎？」

以後，大家總是躲著露露，畢竟誰的面子也不禁傷啊！

俗話說：「病從口入，禍從口出。」像露露這樣口無遮攔，雖然一時逞了口舌之快，但最終會傷人傷己。

步入社會以後，你就沒有童言無忌的豁免權了——如果你繼續口無遮攔，那麼只能讓你處於被朋友不待見、同事不喜歡的尷尬境地，最終交際失敗、事業不前。

所以，與人交往時，你一定要牢牢把握好說話的尺度。只有這樣，你才能保證自己不會得罪人，從而實現溝通的成功。

你說的話別總讓人聽著難受

話不在好聽，而在順耳。好聽的話，他人更容易接受；難聽的話，只會讓對方產生抵觸心理。同一個意思，有的人說別人就樂意聽，有的人說則會引起別人的反感。這就是表達方式不同的結果。

會說話是一種技巧，如果你掌握了，即使說不好聽的話別人也能聽出善意。但不講究方法，縱然是讚揚，對方也不會領情。

小賢是個特別不會說話的人，有一回他偶遇老同學，兩個人坐下聊了聊，聊到薪資問題時，出於好奇他問對方月薪是多少。老同學說，加上提成、補助，平均月薪三萬元。小賢一臉誇張地說：「天啊，要是按台北的房價來算，你上兩個月班才買得下一塊地磚啊！」

老同學當場就黑臉了。

還有一次，小賢聽說市場部的飄飄會彈鋼琴、會書法。在餐廳碰見時，他主動打招呼說：「飄飄，聽同事說你很有才，會的手藝很多。」

飄飄笑著說：「也沒有那麼多啦。」

小賢繼續說：「是啊，你會那麼多手藝對工作也沒幫助，又換不來錢，還不如不學呢。」

飄飄的笑容頓時僵在臉上，從那以後，她碰見小賢也當作沒看見。

小賢之所以不受歡迎，就是因為他總是出口傷人。而且，很多時候他以為自己的那種行為很幽默。就像之前他跟老同學聊天，原本他想形容一下台北的房價多麼高，可話一出口就變了味，還得罪了人。

沒人喜歡聽不合時宜尤其是批評的話，說得不好肯定會得罪人，哪怕你出發點是好的。我們經常說「刀子嘴，豆腐心」，但是不了解你的人不知道——如果不懂說話的技巧，你的「刀子嘴」只會傷人傷己。

說話要照顧別人的感受，要儘量用委婉的方式去說，把話說到對方的心裡去，這樣才能達到想要的效果。心理學家說，「並不是所有的人都能聽進去逆耳忠言」——明明是好話，但表達方式不對，對方就不會領情。但是，我們完全可以將忠言說得順耳一些。

一個人意識不到說話方式的重要性，很難在交際上取得成功。相反，凡是在交際中順風順水的人，都是擅長說話的高手——他們不論說什麼，別人都愛聽。

說話體現了一個人的整體水準，所以，在任何場合我們都要重視表達的技巧和作用。

首先，跟人說話時要控制自己的情緒，不要因為自己心情不好就沖人發洩。所以，當你在氣頭上時，最好暫時保持沉默——等情緒平復了，再用溫和的態度跟別人交流。好態度也是表達的一種方式。

其次，要明白說話是一種溝通方式，而不是攻擊別人的手段。有些人開口就是「你不對」「你不懂」「你不要」，對方一聽肯定會不高興。所以，說話時要多用肯定語氣。說話帶攻擊性是最差勁的溝通方式，你完全可以用溫和的方式讓對方明白你的心意，沒必要說傷人的話。

再次，要利用幽默的表達方式。跟人說話時，如果遇到不好說的話題，可以幽默地表達自己的意思。因為，有些話如果我們說得很嚴肅，別人心裡難免會不悅，如果此時幽默一下，可以緩和氣氛，還可以讓你的表達更深入人心。

有個人去小酒館喝酒，喝了一口就吐了。他一拍桌子，破口大罵：「酸死了，這是什麼酒啊？你們這裡簡直就是黑店。」

老闆也不是省油的燈，哪裡受得了這份氣，立刻找來夥計，把這位客人打了一頓。

客人躺在地上哇哇亂叫。這時，店裡又來了一位年輕小夥子，他問：「這是怎麼回事啊？你們是在表演格鬥拍影視劇嗎？」

老闆一聽，怒氣消了一些。

小夥子了解情況後，自己也嘗了一口酒，沒承想他也皺著眉頭說：「哎呀，老闆，你把我也打一頓吧。」

老闆愣了一下，繼而明白了小夥子的意思，不好意思地笑了笑，並立刻讓人換了新酒。兩位客人都在說酒難喝，一位因為不會說話挨了打，另一位則幽默地點醒了老闆。可見，幽默是進行溫和交談的法寶。

此外，說話前要三思。有些人說話不過大腦，他們在交際中很容易觸碰到別人的「雷區」，引起對方的反感——「禍從口出」說的就是這種口無遮攔的人。

因為，每個人都有忌諱的事情，我們在說話時要儘量避免。如果非要說，則應該通過暗示性的話含蓄地表達出來。

我們要學會謹言慎行，說話的方式有多種，面對不同的人、不同的場合，我們要靈活運用。只有做到說話講究方法，才能和諧地處理好人際關係。

語言也講究「入鄉隨俗」

在社交中要學會看人說話，否則，你很容易引起對方的反感。看清對象，想好之後再說，如此才有利於建立良好的人際關係。

俗話說：「見人說人話，見鬼說鬼話。」這不是虛偽，而是一種別有深意的說話方式。因為，每個人的身份和地位都不一樣，如果不分對象亂說一氣，肯定會得罪人。

有一年元旦同學聚會，有人提議，想去看看很久沒見的班主任張老師。

第二天，我們來到了張老師家。老師雖然已是六十多歲的人了，但依然打扮得很時髦。「哎，我孫子都出生了，我越來越老了啊。」張老師看到我們很高興，感嘆道。

「誰不是越來越老啊，老師您已經很不錯了，看著比同齡人要年輕很多。」我們都知道張老師怕老，所以都會避開這個話題。

張老師對我們很熱情，忙著添茶倒水。可能是這幾天應酬多，她透著疲憊，加上感冒了，聲音沙啞，整個人看起來不是太精神。

有一個同學畢業後很不如意，這次看望張老師，順便是想請她指點迷津。「張老師，好久沒見了，挺想你的。」那個同學把帶來的水果放下，開始跟張老師寒暄。

張老師坐下後，那個同學繼續說道：「張老師，您的聲音聽起來很沙啞，人也不精神，看起來比之前蒼老了很多。」

這麼一說，張老師跟受了打擊一樣，臉色立刻就變了，氣氛瞬間陷入了寂靜。

「我只是感冒了，有些疲憊而已。」張老師說話時明顯帶著不悅。

那個同學這才意識到自己失言了，也沒敢再說明自己來的意圖。

我們連忙岔開話題，談論起了張老師的孫子……而這一整天，張老師很少跟那個同學說話。

在社交中，很多人都會犯類似的錯誤，他們說話不看對象，不分場合，最後只會冒失地得罪人，無法達到自己的社交目的。

與人交往，必須掌握說話的藝術，才能為社交的順利開展奠定良好的基礎。

交流是雙方的，如果只顧表達自我，不顧對方的感受，那就毫無意義了。值得注意的是，我們應該看人說話，在溝通時要懂得用對方喜歡的方式表達，如此才能獲得對方的認可。

有人認為，這是曲意逢迎，無異於說假話，溜鬚拍馬。這麼理解是錯誤的，因為看對象說話是為了統一大家的溝通方式，是對他人的一種尊重。

其實，這是很有深意的事，其中包含了很多交際技巧。我們要注意觀察對方的為人，了解對方的喜好，探究對方的社交方式——只有摸透了對方，在談話時才能做到得心應手。比如，也許你說話不是字字珠璣，但懂得看對象說話的好處，能把話說到對方的心窩裡去，你就更容易被他人理解，也更容易得到信任。至於談話對象，可以根據他的性格、喜好、文化程度、身份地位等找到合適的切入點。

但是，跟性格隨和的人說話時，也不要太過拘謹。這些人有些大大咧咧，跟誰說話都「不客氣」——他們認為隨意是一種親近的表現。所以，跟他們交流，你咬文嚼字、中規中矩的話，他們很難對你產生好感。

俗話說「入鄉隨俗」，懂得看人說話，溝通就會更順利。

阮成是某玩具公司的採購主管，他就很懂這一套。有一次，他跟合作的包裝箱供應商談業務，負責接待他的是小趙。小趙是東北人，性格爽朗，能力很不錯。他之前見過小趙幾次，彼此也算熟悉。

「你小子最近忙什麼呢？好久不見啊！」阮成很豁達地說，他放下了平時的客套勁兒。

「哎呀，是阮大人大駕光臨啊，真是想死我了。」小趙笑哈哈地打招呼。

「這不，還有不到一個月就是兒童節了，我們公司要準備提前給代理商鋪貨，這次要的包裝箱準備得怎麼樣了？雖說數量有點大，但要是沒準備好，我可饒不了你啊！」阮成佯裝發狠地說。

小趙一聽，馬上樂了：「放心吧，我就是不給別人也得先給你供貨啊，誰讓咱倆臭味相投呢。」

這看似隨意的談話，其實是故意為之，因為阮成了解小趙，他喜歡跟爽快的人做朋友。如果自己說話中規中矩，效果反而會不好。

跟沉悶、固執的人交流時，說話要簡潔，有重點。因為，這類人反感滔滔不絕，討厭兜圈子，喜歡直奔主題。

面對傲慢無禮的人，要耐著性子交談。對這類人說話要有力，有主見，但也萬不可傷了他們的面子。因為，這類人常常唯我獨尊，一旦覺得丟臉了，就會做出不理智的事。總之，跟這類人交往時既要強硬，也要適當地示弱。

跟地位比較高的人說話時，要恭敬有禮，儘量說符合對方身份的話。你不能按照平時的方式去說話，不能太隨便，也不需要多親切。

跟文化水準高的人說話時，可以適當地對語言進行修飾，書面化、深奧、含蓄一些。但跟文化水準低的人說話就不能如此了，因為你文縐縐的話，對方會很不適應。所以，為了避免尷尬，最好多說大白話。

面對虛榮的人，不妨多稱讚、恭維對方一些，他們會很受用。而面對深藏不露的人，最好先向對方表達自己，之後對方才會變得主動。

面對性格溫和的人，說話不要太急，配合好對方的談話節奏就行。而遇到自私的人，不妨先提一些對方可以獲得的好處，那樣你們自然會變得「友好」起來。

不論何時，在交流時要根據對方的具體情況選擇相應的說話方式，這樣才能搭建良好的溝通平臺，達到自己的社交目的。

多說一些「客套話」，做一個不失禮節之人

如果你足夠細心，定能從生活中發現一個規律：那些人緣比較好，到哪兒都受歡迎的人，特別會說「客套話」。

其實，客套是一種語言藝術，包含著客氣、謙卑、熱情，顯示著對他人的尊重。

但凡有教養的家庭，大人在教育孩子時都會囑咐一句「見了人要打招呼」，借用別人的東西要說「謝謝」，不小心碰了人家要說「對不起」。實際上，這些最基本的禮貌用語都可以歸為客套話，它體現的是一個人良好的修養。

然而，有些人本身修養不差，也善解人意，可就是輸在了不會說話上——尤其不會說客套話，遇事總是不知該說什麼，或是不好意思開口，結果明明是一片真心，到最後卻不被人理解，甚至被誤解成了冷漠。

王澤大學畢業後去了一家程式設計公司做程式師。作為技術員，他平時跟人打交道不多，回家後基本也是玩遊戲，可以說，他是一個十足的「宅男」。

正因為社交活動很少，對於客套話他一點都不熟悉——他就是一個典型的不會說話的人。一位朋友做了闌尾炎手術，術後還要在醫院休養一段時間，有一天王澤去看望他，見他有些虛弱，但沒有說一句話，只是在一旁坐著。

王澤之所以沒開口，是因為當時顧慮太多：說客套話吧，自己不太會，也表達不了心情；不說吧，又有點尷尬。所幸他去的時候帶了一些禮物，不至於顯得那麼彆扭。

坐了一會兒後，王澤就離開了。

王澤雖然不懂說客套話，但他的沉默比虛情假意的關心要實誠許多。可話又說回來，王澤如果遇到不懂他的人，連一句客套話都說不出口的話，終究還是會讓人覺得有點「不會辦事」，至少這一次他就沒達到安慰病人的效果。

人在生病的時候，情緒往往不穩定，焦慮、沮喪時常會來叨擾內心，總愛胡思亂想。況且，醫院的環境比較封閉，四周全是單調的白色，時而還可能聽到病友們的「壞消息」，令人惴惴不安。所以，為了緩解病人的情緒壓力，讓他們放下心理包袱，在探望他們時說兩句安慰人的客套話是不可少的。

生活中，會說客套話的人處理人際關係總會遊刃有餘，他們說的話讓人喜歡聽、願意聽，提出的意見或建議也更容易被人接受。

不會說客套話的人辦起事來就略顯尷尬了，他們可能會造成不必要的誤會，導致人際關係緊張——時間一長，就會給人留下不好接觸、不會處世的印象。

但是，客套話說起來要給人言必由衷的感覺，那就是字字句句要透著真誠，而不是虛情假意的恭維。

有時，客套除了用語言表達以外，還可以借助眼神、手勢等體現出來。日本松下電器公司的創始人松下幸之助，就是一個很會運用客套話的人。他在給下屬布置任務時，總不忘說一句「這件事拜託你了」；遇到員工時，他也會鞠躬說「你辛苦了」之類的客套話；有時還會親自給員工倒茶，送禮物。

由於松下幸之助以誠待人，員工們對他也非常尊重，樂意為之努力工作。

簡單來說，想讓別人怎樣對你，你就要怎樣對別人。客套看似平常，卻可以把人際關係引入良好的互動中，像春風一樣暖人心窩。

即便你口才絕倫，也不必非要與人爭辯

如果你想要建立良好的人際關係，就要時刻注意自己說話的語氣。所以，跟對方交流時，你不要總是在一些小事上爭論不休。

其實，每個人的生活背景不同，經歷不同，思想也就不一樣。每個人都有自己的觀點，不可能讓其他人都跟自己想的一樣，因此，我們應該抱著寬容的心去接受更多不同的意見。

有些人比較低調，他們不喜歡與人爭執，即便大家的思想不一樣，他們也可以做到尊重對方。但是，有些人比較高調，而且愛認死理，總想跟對方一爭高下——事實上，這種爭執毫無意義。

如果你跟朋友為一個並非涉及原則性的問題來一爭高下，那麼自己最終能得到什麼？不過是朋友之間傷了和氣罷了。也許你是為了逞一時口舌之快，但你要問問自己，是逞口舌之快重要，還是朋友重要呢？如果因此而失去了朋友，那絕對是不划算的。

王平上大學時學習成績一直名列前茅，還是學生會幹部，因此，他一直覺得自己很優

秀，慢慢地就變得驕傲自滿起來。但自從他畢業出了校門，這種情況就改變了。

現在，王平只是一家公司的普通員工，原來在學校裡時的那種光環不見了。但他依然心高氣傲，不管做什麼事都不服氣，總覺得自有一番道理。作為一個職場新人，他因此吃了不少苦頭。

一次，王平跟辦公室裡的一名老員工因為一個程式處理問題吵了起來，他覺得自己編寫的程式是對的，而那名老員工認為這個程式稍微煩瑣了些——其實有更簡易的寫法，因為程式寫得越煩瑣，以後出故障的可能性就越大。

但是，王平覺得那名老員工是在故意刁難他，因為他寫的程式本來沒有錯，就算是寫得複雜了點，但同樣可以達到效果，幹嗎非要拿這件事讓他當眾出醜呢？

於是，王平就據理力爭，想讓自己的成果得以應用。在他跟老員工爭吵之後，總經理出面讓專業人員開始測試，測試後認為他寫的程式確實要修改，因為這關係到整個公司的利益。其實，他心裡也明白，程式修改一下會更好，不過是為了面子才不管不顧的。

自此以後，總經理對王平就有了偏見，辦公室裡的其他人跟他也都疏遠了。可見，他不僅沒有爭辯過那名老員工，還造成了自己技術不過硬的壞形象，這就叫「一步走錯，滿盤皆輸」。

於是，王平開始反思自己：儘管自己上大學時是風雲人物，但與現在相比，那時的自己就像一個剛學會走路的嬰兒。他開始明白，在職場中想要獲得好人緣，要時刻保持謙虛謹慎的態度，不要老想著一爭高下，適當的恭維也是必要的，畢竟自己還是新人。

想到這裡，他就知道自己應該怎麼做了。

在一次午休的時候，他當著大家的面給那名老員工道了歉，並邀請大家一起去吃自助餐，算是為那天的事賠罪。在他的邀請下，大家都欣然接受了他的好意。

後來，王平跟大家的關係也漸漸好了起來。

從王平的故事裡我們可以看出，一個人如果喜歡與人爭執，他可能就會被認為是不易相處的人。那麼，當他再想與別人建立關係時就比較困難了。

所以，大家要記住，遇到什麼事情都不要急著與人爭辯，要先考慮一下是否有自己的原因。如果真是自己錯了，就應該聽取別人的建議——無休止地爭辯下去，那就是無理取鬧了。

事實上，即便你真理在握，與人爭辯時也該語氣平和，而趾高氣揚只會傷人傷己。當然，如果是迫不得已，你也要選擇合適的時機，採取合適的方式來向對方闡述自己的理由。

總之，爭辯不會為你帶來朋友——相反，你可能會因此而失去更多的朋友。

拜訪他人，不能總是貿然前行

俗話說：「不打無準備的仗。」要想把事情做好，就要盡可能地注意一些細節，做好充分的準備。「三思而後行」總是沒錯的，比如，你去推銷公司的產品，只有想得周全、做得仔細，才能讓客戶覺得你的產品值得信賴。

在我們拜訪客戶前，應該與對方提前進行溝通，約好見面時間，這是最基本的禮貌。沒有預約的拜訪，就好比是在客戶有序的佇列中橫衝直撞，很容易把對方的計畫打亂，從而讓對方氣憤——當然，你在對方心中的印象也會受到影響。

王晨是一家ＩＴ公司技術工程部的主管，為了了解客戶對本公司的要求，有時候他會被派到客戶的公司參加他們的會議。

其實，這項工作最初的負責人不是王晨，而是小剛。可是，小剛每次去客戶那裡開會時總會丟三落四，公司由此受到了客戶的不少投訴。後來，公司就讓王晨接替了小剛的工作。

王晨是一名工作認真的員工，無論做什麼事都會事先計畫好。每次去客戶那裡開會，需要用到的公司資料他都會提前準備好，甚至客戶可能會用到的公司產品他也會提前準備好。

此外，在開會的那天早上，王晨會早早起床，將自己的儀容整理好，然後再去客戶那裡開會。在會上，王晨對客戶提出的問題總能對答如流，客戶對他十分滿意。會後，經常有客戶會打電話給王晨的上司，誇讚王晨的工作態度好。

在這個案例中，小剛與王晨形成了鮮明的對比：小剛做事缺乏條理、不注重禮儀，所以經常因疏於準備而丟三落四，從而引起了客戶的不滿。可是，王晨不同，他做事非常認真，在參加會議前會把一切都準備得非常充分，客戶對他很滿意，他從而得到了客戶的讚賞。

李鵬飛大學畢業後從事銷售工作，他第一次去拜訪客戶時心裡甚是緊張，當他說明自己的來意後，客戶說想看看關於他們公司產品的資料。於是，他把準備好的資料交給了客戶，可是對方看後覺得內容不夠詳細，就問他有沒有更詳細的介紹。他抱歉地說沒有。

後來，客戶向李鵬飛要名片，他說自己剛入行，還沒有印製名片。

在連吃兩次「閉門羹」後，客戶再也沒有談下去的興趣了，就客氣地說了一些無關緊要的話，便推託有事下了「逐客令」。

就這樣，李鵬飛的第一次拜訪以失敗而告終。

經一事，長一智。雖然第一次拜訪沒有成功，但這讓李鵬飛總結了經驗教訓。後來在拜訪客戶時，他都會把材料準備齊全，並隨身攜帶自己的名片。

皇天不負有心人，李鵬飛終於在短短三個月內取得了很好的業績，同時受到了經理的誇獎，這讓他更有信心做一名優秀的推銷員。

李鵬飛是一個聰明的人，他能夠認清自己的不足並認真完善，這才讓他在後來終於取得了好的業績。那麼，我們在拜訪客戶時應該做哪些準備呢？

首先，要預約好時間。

日常的商務拜訪，大多都需要提前一周預約。如果是私人拜訪，最好也要提前兩、三天進行預約，好讓對方有時間做準備。

拜訪時間最好不要妨礙到對方的生活和工作，最好錯過吃飯及午休時間。一般來說，上午九、十點或下午三、四點是最好的拜訪時間。

其次，要選好預約方式。

現在一般是電話預約，因為更方便一些。一些職場人士認為打預約電話很簡單：「不就是拿起電話，撥通號碼，說幾句話的事嗎？」其實不然。關鍵問題是這幾句話怎麼說，因為說的方式不同，結果也會迴異。

打預約電話要注意禮貌，如果是打給陌生客戶，那就更需要使用禮貌用詞了。我們不妨做一下通話記錄，比如，有時候你給對方打電話，對方不在，這也要做記錄，主要是記清楚對方為何不在。

另外，打預約電話時，儘量別在電話中介紹產品尤其是一些細節問題，因為這樣會拉長通話時間，或者是客戶聽不懂，一聽這些話誤以為硬性推銷就會拒絕，反而影響預約。當然，簡單介紹一下產品也非常有必要，這是預約成功的條件之一。

正確的方法是，打通電話以後，說話一定要簡潔，能抓住要點。此外，一定要站在對方的立場上考慮問題，使對方有被尊重、被重視的感覺。同時要注意，打預約電話時不可以抽煙或嚼口香糖，相信誰都不喜歡聽到對方在電話那頭發出咀嚼聲。

另外，不管約訪有沒有成功，掛電話一定要比對方慢，這是你應有的禮貌——否則，對方會感到突兀，即便前面已經答應了你的預約，後面的進程也不會太順利。

在與對方確定好時間、地點後，要按照約定時間赴約，如果的確因意外情況而不能赴約或需要改期，也要事先通知對方，並表示歉意，因為遲到和失約都屬不禮貌的行為。

最後，提前準備好資料。

在拜訪客戶前要準備好資料，以免因為時間倉促而落下重要資料。此外，你還應該告訴對方也要做好接待工作，將相關資料提前準備好，那樣雙方在溝通時就不會耽誤彼此的時間，從而實現成功的溝通。

3

CHAPTER

在社交的舞臺上，做一個最出色的演員

交流靠技巧，而非「唯心論」

人生的成敗有時是說話技巧所決定的。曾有人說：「眼睛可以容納一個美麗的世界，而嘴巴則能描繪一個精彩的世界。」法國大作家雨果也認為：「語言就是力量。」的確，會說話是一種藝術。

某單位要裁員，給主管開車的兩名司機之一在裁員名單裡。於是，兩個人對這個崗位進行了一番激烈的競爭。

第一名司機說了很多，雖然面面俱到，但是不免煩瑣。他說：「要是有機會繼續給上司開車，我一定比之前更加用心，把車收拾得更加乾淨俐落；一定嚴格遵守交通規則，不闖紅燈什麼的；一定不會酒後駕駛，保證上司的安全……」

第二名司機敘述精簡，只花了不到一分鐘的時間。他說：「我遵守三條原則：第一，聽得，說不得；第二，吃得，喝不得；第三，開得，使不得。我過去一直遵守這三條原則，現在依然會遵守這三條原則，將來我也會毫不動搖地遵守這三條原則。」

我們來了解一下：所謂「聽得，說不得」，是指上司坐在車上打電話說的任何內容，司機不能洩密；所謂「吃得，喝不得」，就是說由於工作的關係，司機會陪上司吃飯，但是絕對不會喝酒——這是對上司的安全負責；所謂「開得，使不得」，意思是公私分明，不能私下動用上司的車。

經過對比，第二名司機說話簡潔明瞭，而且句句都說到了上司心裡，所以上司選擇留下了他。

在關鍵時刻，需要你站出來講幾句話的時候，你一定不能搞砸了，否則，這不僅會影響你的形象，而且有可能斷送掉你的大好前途。

蘇格拉底曾說：「世間有一種成就可以使人很快地完成偉業，並獲得世人的認識，那就是講話令人喜悅的能力。」

語言是不可或缺的交際工具，誰都離不開。據有關資料顯示，每個人平均每天大概要說一千八百個詞語，而且事情越多的人，說話也越多。換言之，積極的人生態度就是敢於說話、善於說話。

別人不會主動關注你，積極地「秀」出自我

懷才不遇的人有很多，這些人明明能力出眾，卻總是與成功擦肩而過。其實，他們需要好好反省一下，究竟是什麼原因導致了自己的遭遇，以及要用什麼方法擺脫困境。

因此，一個人要想有所成就，就要恰當地「秀」出自我，積極主動地把自己的才幹展示給人們看，而不要奢望別人主動來關注自己。尤其是職場新人，更應該在適當的時機「秀」出自我，這不失為一個引人注目的好方法。

有一個衣衫襤褸的小男孩跑到正在修建的建築工地裡，向一位衣著十分講究的建築承包商請教：「請您告訴我，我要怎麼做，長大後才能像您一樣富有？」

承包商看了看這個小傢伙，回答說：「我的方法就是讓你去買一件顏色比較鮮豔的衣服，然後埋頭苦幹。」

小男孩滿臉困惑，百思不得其解，只好再次請教承包商。

承包商把手指向那些正在作業的工人，對小男孩說：「那些工人全都是我的手下，我沒

辦法把他們每一個人的名字都記住，甚至對一些人沒有印象。但是，你仔細瞧，他們當中有一個穿紅色襯衫的工人給我留下了深刻的印象，他做工作很賣力，每天總是第一個上班，最後一個下班。」

「為什麼我對他的印象這麼深刻呢？就是因為他那件顯眼的襯衫。我最近正準備提拔他當我的監工。從今天開始，我相信他會更加努力地投入到工作中去，說不定短時間內他就會成為我的副手。」

「小夥子，我也是這樣一步一個腳印走過來的。我工作時比別人投入了更多的精力，如果當初我選擇跟大家穿一樣顏色的衣服，恐怕就沒有現在的我了。所以，我選擇每天穿不同顏色的條紋襯衫去上班，同時會更加努力。不久，我就出頭了——老闆提拔我當了工頭。後來，我有了一定的積蓄，終於自己當了老闆。」

著名劇作家蕭伯納說過一句非常富有哲理的話：「征服世界的將是這樣一些人：開始的時候，他們試圖找到夢想中的東西。最終，當他們無法找到的時候，就親手創造了它。」

使成功者走向成功的真正原因，不僅僅是他們善於把握機會——更重要的是，他們善於創造機會。就像上述案例中的承包商一樣，他就是因為把握並創造了機會而成功的。

這裡有一道經典的面試題：「說說你如何能勝任這個崗位？」

很多人都想表現自己的優勢，恨不能把自己小學五年級拿優勝獎的事都搬出來。這些人看似很優秀，謀得崗位的機會也更大，但成熟的ＨＲ是不會錄取他們的，因為ＨＲ從他們的回答中看到了不自信的一面，並期待其他面試者的回答。

最能令人眼前一亮的回答是：從企業本身談起，然後把你的優勢和企業的需求結合到一起說。

前不久，趙敏去一家中學培訓機構面試教師，HR看了看她的簡歷，只有一年多的助教經驗，便問她：「你覺得自己能勝任這個崗位嗎？」

趙敏回答：「是這樣的，現在的家長越發注重對孩子的教育，貴公司近年的發展也很快，前來報名補課的學生也越來越多。我在大學時一直總結授課技巧、研究青少年心理學，為此我還制訂過詳細的教學和心理輔導計畫，在學校實習時還得到了校長的認可。如果我在貴公司工作的話，相信我的方案對提高學生成績很有幫助。」

在面試時，HR對你的個人經歷並不十分感興趣，他們最關心的就是你能否為公司帶來利益。所以，這時候你不用一一列舉自己獲得的什麼獎項，只需講出重點，就能給對方留下深刻的印象。

主動「秀」出自我是改變懷才不遇境況的最佳途徑，在合適的時機和場合向上司展示自己的能力，才有可能受到上司的賞識。

總之，「秀」出自我是一門學問，你如果懂的話，可以使自己立於不敗之地；如果不懂的話，就只能平平淡淡地度過一生了。

換一條路走，那是新生的開始

如果一塊地不適合種麥子，可以試試種豆子；如果也不適合種豆子，那就試著種玉米。也就是說，一塊地總有適合它的種子。但是，如果你非得堅持一直種麥子的話，那麼可能顆粒無收。

為人處世也是一樣。那些高情商的人，他們如果發現此路不通，一定會選擇彼路，而非一條道走到黑。年輕人更應該懂得換個角度思考問題，那樣就算遇到山窮水盡，也會柳暗花明！

表弟從小就頑皮、不愛學習，成績很不好，這讓家人和老師都非常頭疼。小姨和小姨父一直望子成龍，希望表弟能考上名校。可是學測後，不要說重點大學了，就是好的專科他都沒考上。

小姨他們兩口子很不甘心，要求表弟重考，還給他報了補習班，但他最終還是沒考上理想中的大學。

再次失敗之後，表弟想明白了，他覺得上大學這條路或許真的不適合自己，條條大路通羅馬，自己為什麼非得去跟別人擠獨木橋呢？

於是，表弟勸服了他爸媽，隻身一人去了深圳闖蕩。一段時間後，因為工作積極、性格開朗，他贏得了公司上司和同事的認可。等他慢慢地有了一些積蓄後，自己開始做起了小生意。

當那些上完大學的同學還在為找工作而犯愁時，表弟已經在深圳站穩了腳跟兒，買了一套房子，也算是過上了安穩的生活。

有時，堅持未必就能贏得成功，迎難而上也未必會柳暗花明。表弟如果一直堅持考大學，那麼就算他考上了，自己也未必生活得開心。而轉變方向後，他卻憑優勢闖蕩出了自己想要過的生活。

其實，方向不對，所有的努力都將白費，而無謂的堅持甚至很可能導致南轅北轍，讓自己離成功越來越遠。所以，年輕人不要盲目地埋頭苦幹，時不時地還要看看自己正在走的路到底對不對。畢業生進入社會變成職場人士後更是如此，工作、交友等都不要鑽牛角尖——有時轉個彎，走另一條路，結果往往會更好。

有個美國女孩叫艾米爾，她最初想當一名醫生，但是醫學院的學費很貴，當時她家裡沒錢，她只得選擇當一名藥劑師。當時，她在協助一名頂尖的皮膚科醫生工作——這名醫生是專門研究化妝品過敏症狀的。

工作幾年以後，艾米爾積累了豐富的經驗，但是她沒有繼續留在皮膚科工作，而是在自家廚房裡發明了世界上第一隻不會留下唇印的口紅。後來，她為自己發明的口紅註冊了品牌，並一度佔領了四分之一的市場份額。

艾米爾之所以能成功，是因為她知道自己絕對不可能通過當皮膚科醫生致富，並且想要在眾多技術高超的皮膚科醫生之中脫穎而出實在太難了，而通過當醫生助理積攢的經驗，發明不留唇印的口紅卻讓她快速地收穫了名利。

剛工作的年輕人，可能會遇到與艾米爾類似的經歷。所以，你一定要弄清楚自己到底想要什麼，然後再找一條適合自己的路。

很多時候，我們要學會放棄錯誤的堅持，不要因為一棵樹而失去整片森林。換一條路走，是新生的開始。

多為自己造些勢，讓所有人知道你的好

酒香也怕巷子深，好產品也需要推廣。特別是在競爭如此激烈、資訊如此發達的今天，對於一個急需開拓市場的企業來說，就更需要造點聲勢來提高企業的知名度——這是最快捷、最有效的方式。

一位美國出版商手裡積壓了一大批滯銷書，他為此很著急。經過一番苦思冥想，他終於想出了一條妙計：給總統送去一本書，並三番五次地徵求總統的意見。日理萬機的總統實在沒時間讀這本書，而迫於出版商的糾纏，他就隨便回了一句：這書不錯。

這就是出版商要的結果，他由此馬上展開了宣傳：「總統讀過並稱讚了這本書。」毫無疑問，這本書很快就被一搶而空。

後來，這位出版商又有書賣不出去了，他就重施故技，又給總統送了一本。總統很生氣出版商上次借自己的名望做了宣傳，於是就奚落道：「這本書糟透了！」

出乎意料的是，出版商並沒有生氣，反倒很高興，他馬上借此打出了宣傳語：「這本書深受總統的討厭。」

這次，這本書又銷售一空了，因為每個讀者都有好奇心，想知道這本深受總統討厭的書到底寫了些什麼。

第三次，總統又收到了出版商寄來的一本滯銷書。因為吸取了前兩次的教訓，總統心想：「這一回，我什麼表示都不做，看你怎麼宣傳」」於是，總統真的沒做任何回覆。

誰曾料到，出版商居然還可以借題發揮：「現有總統難下定論的書，欲購請從速！」

結果可想而知，這本書也銷售一空了。

讓總統幫你賣書，這聽起來簡直是天方夜譚，但並不是沒有可能——只要你策劃得法，總統也會成為影響產品銷售的重要砝碼。

很多企業想要提高自己的知名度，就會借助名人打廣告，因為名人效應能讓產品得到很好的宣傳，為大眾所知。所以，如果你身為領導，一定要好好利用名人效應。

提高產品知名度，還可以利用轟動效應。這就需要採取新的方式，所謂出奇制勝。當然，你一定要善於造勢，盡可能地把場面做大——這樣做不僅可以贏得顧客，還可以獲得良好的聲譽。

下面是西鐵城公司當年的行銷策略：很多人聚集在鬧市區的一個廣場上，都在向天空仰望著什麼。

原來，幾天前，西鐵城公司在幾家知名報刊上做廣告，說為了答謝廣大顧客的厚愛，要在一個特定時間內空投手錶。而且，他們許諾空投的手錶品質絕對值得信賴——要是在空投時摔壞了，撿到的人可以憑它到指定地點換取高於它十倍價格的現金。

誰都不願意錯過這次機會，於是，那天大家紛紛齊聚西鐵城公司指定的地點，為的就是希望接到空投的手錶。

人群中不知是誰高喊一聲：「來了，來了，直升機在那兒！」只見一架標有「西鐵城公司」字樣的直升機盤旋在廣場中央，兩張巨大的標語條幅從舱門滾落出來。一張是：「想要無煩惱，請用西鐵城手錶。」另一張是：「觀產品好壞，請看百米高空贈錶。」

廣場上的人都在高聲叫好，接著就見一隻只閃閃發光的西鐵城手錶從天而降，大家由此引發了「搶錶大戰」。

第二天，西鐵城公司公布壞錶率只有萬分之八。市民驚呆了，無不交口稱讚該錶的品質——甚至連其中最普通的款式，也被人們吹捧成了市面上最好的手錶。

據此，西鐵城公司取得了轟動效應，很快就在手錶市場上佔據了相當大的份額。

西鐵城公司之所以能取得如此大的轟動效應，首先是因為他們具有創造性，敢於調動直升機做廣告，而消費者以前很少見過這種形式。其次是贈送商品的方式也比較新奇，比如採用高空贈錶，因為一般公司採用的方式都是購買定量商品後才會贈送。

還有一點，也是最重要的一點，那就是壞錶可以換取價值十倍於該錶本身的現金。這就抓住了人們的心理，因為他們認為手錶從那麼高的地方投放下來一定會摔壞，而這也正是西鐵城公司的用意所在，它就是想向消費者表明自家公司手錶的品質相當可靠。

利用機會創造出強大的態勢，從而形成一定的影響力，這就是造勢的訣竅。但是，造勢也要講究誠信和尺度，太過的話將會適得其反。

當你吃了虧，就要讓所有人知道這是為了誰

年輕人一般都是愛恨分明，遇到吃虧的情況，有的會厲聲反對，有的會為了息事寧人而默默承受。

事實上，這兩種方法都有弊端。前一種可能會影響人際關係，但有時候吃吃小虧也無妨；而後一種則往往是啞巴吃黃連——有苦說不出，並且時間長了，還會被人當成軟柿子任意揉捏。

所以，最明智的做法就是把虧吃在明處，要讓對方瞎子吃湯圓——心裡有數。然後要爭取補償，在暗處得利。

小時候住在農村，有一件事情讓我印象很深刻。

那時，每家都有一個竹籬笆的院子。有一天，我看到鄰居偷偷把我們兩家中間的竹籬笆往我家這邊挪了挪。

我很生氣，回去就告訴了爺爺。我以為爺爺會過去跟鄰居據理力爭，沒想到他聽完後，

只是淡淡地說了聲「知道了」。等第二天的時候，我看到爺爺走到竹籬笆前，把它又往我家這邊挪了挪。這樣，鄰居家的院子就更大了。

我不懂，就問爺爺為什麼這麼做。他笑了笑，沒有回答我，然後抽著旱煙散步去了。

等到鄰居幹完活回來，我從屋裡偷偷觀察，發現鄰居愣愣地盯著竹籬笆看了一會兒。然後，他把竹籬笆慢慢挪回了原處，還又往他們家那邊挪了挪。

當年我看不懂這裡面的門道，現在想起來，我覺得爺爺是一個情商高的人。

有時你主動吃虧，對方心裡自然就覺得虧欠了你，之後就會想方設法地償還你。所以，虧吃在暗處就白吃了，至少你要讓別人知道，你吃虧首先是為了對方考慮。

英國哈利斯公司的總經理彼得有一次從食品報告單上發現，他們生產的某種食品配方中，起保鮮作用的添加劑裡面含有害物質。雖然這種有害物質不會危及人們的生命，但是如果長期食用也會損害身體健康。而對公司來說，如果不用添加劑又會影響食品的保鮮效果，繼而影響公司的銷售。

彼得權衡利弊之後，最終做出決定：為了公司的長遠利益，暫時吃一下虧。於是，他毅然通過媒體把真相告知了顧客。

與彼得預想的一樣，做出這項舉措之後，他本人和公司都承受了巨大的壓力。食品的銷售量銳減不說，那些從事食品加工的老闆也都聯合起來，指責彼得別有用心，並一起抵制哈利斯公司的產品。

內憂外患之下，哈利斯公司一下子到了倒閉的邊緣。但值得慶幸的是，此時哈利斯公司已經家喻戶曉了。

皇天不負有心人，在苦苦掙扎了四年之後，國家相關部門終於站出來支持哈利斯公司。哈利斯公司的產品成了人們放心購買的熱門商品，並且有感於彼得為大家的利益著想的這一做法，人們更加支持哈利斯公司了。

就這樣，彼得用了很短的時間就恢復了元氣，而且較之前的規模擴大了兩倍，一舉坐上了英國食品加工業的第一把交椅。

彼得選擇吃虧是明智的，而把虧吃在明處更是明智之舉，這樣人們在領受了他的「恩德」後，一有機會馬上就會想著報答他。正因為這樣，他的公司在後來才得以迅速地恢復元氣，並且比以前發展得更好。

年輕人剛進入社會，吃點小虧不是壞事，但一定要把虧吃在明處——這樣，別人才能知道你的付出，進而報答你，讓你在暗中得利。記住，吃虧是做人的一種氣度，更是做事的一種謀略。

塑造一個好聲音，讓你的魅力無限

每個人的吸引力，都可以通過外貌、聲音、說話內容、行為方式等得到放大和提升。我們能否與聽眾進行充分的交流，這完全取決於我們的口頭表達能力和說話技巧。

一個人魅力的大小，與他的說話聲音有著密切的關係。我們的說話聲音總是在變化，其實它是隨著我們自身的變化而變化的，它對我們如何感知自己、感知他人都有著深刻的影響。

國外一家權威調查機構通過問卷調查發現，高達九成的人認為，聲音是一個人的魅力最重要的構成部分。一個人的聲音能否表現出足夠的吸引力，與他受歡迎的程度有關，也與他社交上的成功有關。

其實，對任何人而言，聲音都可以真實地反映出他的教養和品性。我們可以用自己的聲音來贏得他人的尊敬、愛戴和信任。

當年，一部改編自《世界的戰爭》的廣播劇在美國轟動一時。

雖然當時這家廣播公司公開聲明說這僅僅是一部戲劇而已，並不是真實事件，可是由於電臺的覆蓋面很廣泛，加上主播的聲音讓聽眾心情激動，結果全美國人都為此而著了迷。甚至，有上萬名聽眾當時在聽了廣播後就開始恐慌起來，因為他們相信廣播中講述的事情是事實，覺得人類將要遭到火星人的入侵。

聲音對增強我們自身的魅力有很大的幫助，我們可以想想：為什麼我們容易信任那些優秀的播音員呢？其實很簡單，因為他們的聲音優美悅耳，有很大的吸引力，能給人一種美的享受，所以聽眾不會輕易轉移注意力。

當今社會，很多年輕人都接受過高等教育，甚至畢業於知名大學，他們也許有才華，可就是沒學習過怎樣發出優美的聲音。所以，我們從他們的聲音中總能聽出不和諧的音調，甚至那些感覺敏銳的人都不太喜歡與他們談話。

所以，倘若你的聲音讓別人聽起來不舒服，這就可能會降低你的吸引力，同時抹殺你的其他優點。

我們應該讓聲音成為自身的優勢，而不是敵人。不論我們的聲音原來怎麼樣，其實都可以通過練習來改變，從而讓它體現出自身的魅力。

我們要明白，聽眾所期待的聲音是什麼——當然，那就是容易讓人聽懂，同時讓人愉悅。倘若每一個字詞和每一個句子都能被清晰、圓潤地表達出來，而且顯得抑揚頓挫，這是非常美妙的，那會讓更多的人被我們感染，或者喜歡上我們。

通過眼睛行事，做一個有「眼色」的人

眼睛是人們用來傳達資訊的最為重要的器官之一，因為一個人心裡想什麼，十之八九都可以通過他的眼神表現出來，就連亞聖孟子也曾說過：「存乎人者，莫良於眸子。眸子不能掩其惡，胸中正，則眸子了焉；胸中不正，則眸子眊焉。」

秦朝時，趙高想要陷害李斯，於是就對李斯說了秦二世的種種不好，並勸李斯進諫秦二世。他隨即還跟李斯約定，秦二世一有閒暇，他便會第一時間通知李斯。

有一天，李斯應趙高之約進宮，時值秦二世正與姬妾取樂，他看見李斯進來掃了自己的興，心中極為不爽。

而李斯卻毫不知情，依然要進諫。秦二世只好當面敷衍李斯，等他一走，就說他不識時務，偏偏選擇自己跟姬妾行樂的時候來進諫。這就為李斯遭遇殺身之禍埋下了隱患。

我們不要認為「看眼色行事」不好，其實，眼色是人類的另一種語言。在人際交往中，我們要懂得看人眼色，以便了解對方真實的內心想法。但是，想要通過眼神探知別人的內心活動，就要具備敏銳的觀察力和準確的判斷力。因為，眼神的變化相當快，一定要把握好每一個細節。

情商高的人不僅會看人眼色，還知道在某些特定場合裡什麼話不能說，什麼話能說以及怎麼說。我們一定要顧及時機、場合、對方的心情等客觀因素，這才是真正的看眼色。

有一個人特別喜歡講笑話，有一次參加朋友的婚禮時，他在婚禮上大談自己的見聞，大家因此被逗得哈哈大笑。

誰曾料到，心血來潮的他偏偏講起一個新郎殺死新娘的故事。不過，他還沒把故事說完，新郎和新娘都生氣了，他卻毫不自知，還在滔滔不絕地說著。

最後，新郎委婉地問他是否喝多了，如果喝多了就早點回去。他這才意識到自己說錯了話。

有些人在人際交往中不注意看眼色行事，遇事往往只從個人主觀感覺出發，心裡想什麼嘴上就說什麼——他們說話不分時機和場合，結果就在無意間得罪了別人。

張霖是我以前的同事，他為人處世總能讓人覺得舒服，所以人緣特別好。在公司幹了四、五年後，他就辭職轉行開起了飯店，有時候我們這些老同事也會去他的飯店吃飯。不過，有時他在外面忙著採購食材，去了不一定能碰上面，得電話預約。

有一次週末，我們幾個老同事相約去張霖的飯店吃飯，就打電話讓他過來也聚聚，可在說包廂號時，我說錯了一個數。

等張霖到飯店時，直接去了當時說好的包廂，剛一推開門就發現走錯了。因為包廂裡的客人已經結帳走了，一個二十歲出頭的服務生正在吃客人沒吃完的菜。

服務生沒想到老闆會進來，整個人頓時愣住了。

張霖本來想走，可看到服務生尷尬的表情，扭頭對門外的服務生說：「幫我拿雙筷子，這幾盤菜又沒怎麼動過，直接倒了挺浪費的。」說完，他就坐到服務生旁邊，和他一起在包廂吃了幾口剩菜。

那天以後，那個服務生對工作更賣力了。現在他已經是餐廳的領班，張霖也很欣賞他。

情商高的人在看眼色行事的時候，總會注意場合，並時時在頭腦中繃緊這根弦——這樣才能看准對方的心理活動，也會讓自己說話、辦事更順利。

要專心，沒有所謂的面面俱到

當我們想擴大人脈圈，希望自己能夠獲得大家的喜愛，什麼事情都能面面俱到時，你會發現有時候結果卻是四處不討好。

其實，我們的努力不一定能得到所有人的認可，但只要自己盡最大的努力就可以了。因為，每個人的個性不同，就算你再好，也會有人不喜歡你，所以你不必強求自己做到讓每個人都滿意。

任何人做事情都不可能做到完美，世界上也沒有把任何事情都做到完美的「全能者」，就像體育競技一樣，有人擅長跳馬，有人擅長走平衡木，有人擅長藝術體操……。

所謂「術業有專攻」，只有集中精力才能做好一件事——如果分散精力去做很多事，那最終可能會導致一事無成。

一口吃不成個大胖子，即使你想做成很多事，也得一步一步來——只有把每一步都走好了，你才有可能成功。

張羽上大學時學的是軟體程式設計，可他總覺得這個專業不適合自己，所以從未認真學過，但他又不知道自己該學些什麼。

一次，他路過一間教室的時候，發現裡面正在上動畫設計課。他心想，自己學的程式設計跟這個專業也沾邊，倒不如學學這個，而且學好了將來可以進入高薪行業。

於是，他就開始自學動畫設計，但學了沒多久，他覺得這也不適合自己。因為，他根本沒有美術基礎，做出來的動畫形象不符合現實生活中的動作效果，況且自學美術也不現實，他就放棄了學動畫設計。

後來，張羽突然想到影視後期也跟電腦專業沾邊，而且不需要動畫基礎，只學軟體就行了，還比學程式設計快，學成以後一定很好找工作。可是學了沒幾天他發現，影視後期雖然比較簡單易學，但由於一些規律他並不清楚，因此剪出來的片子都不能看。

在大學四年裡，張羽不斷地尋找著適合自己的專業，他雖然學習了很多課程，可沒有一門課程是精通的。而且，由於他把大量時間都花在了學別的課程上，導致專業課沒學好，畢業後很難找工作。

張羽這才發現自己荒廢了大學四年的好時光。

有時候，我們想抓住所有的東西，結果可能什麼也沒抓住。所以，我們只有把最主要的事情做好，才能打下成功的基礎。

就像那句廣告詞說的：「沒有最好，只有更好。」我們只能不斷地努力去做更好的自己，卻不能達到最好的程度。因此，我們只要抓住自己的擅長點，在這一方面下功夫就可以了。是的，儘管這個世界上沒有全能冠軍，但是我們可以在團隊裡做一名單項冠軍。

4

CHAPTER

做個善解人意的人，懟人並非你社交的目的

給對方留一個臺階，等於給自己留一扇窗戶

人生不會永遠一帆風順，誰都有時運不濟的時候，所以凡事不能做絕，不論何時都要給自己留一條後路。得意時，不要把別人逼到死角，要給對方臺階下——這不僅是給別人機會，也等於為自己留了一扇窗戶。

俗話說：「三十年河東，三十年河西。」如果當初你給他人留了後路，自己落魄時對方也會對你伸出援手。如果之前你太過盛氣凌人，這時別人只會落井下石。

堂妹大學畢業後，與舍友王豔進了同一家服裝公司。兩人因為是好朋友，所以相處得很和睦。但後來，她們就開始暗地裡較勁了——她們都想早日轉正，好升職加薪。

有一次，堂妹整理的資料出了問題，上司在辦公室裡狠狠地批評她：「你來公司有一段時間，怎麼都不長記性啊？做這麼簡單的事你也出錯，真是讓我太失望了。」

這時候，王豔正好也來交資料，看到這一幕，她不但不給堂妹臺階下，還趁機添油加醋地諷刺道：「我們是同一天來公司的，算算日子確實也不短了。」王豔的諷刺之意非常明

顯，堂妹聽了又生氣又難過。

上司又批評了堂妹幾句，讓她去重做。

後來，堂妹攔住王豔質問道：「你剛才在辦公室裡為什麼添油加醋地告我狀？再怎麼說，我們也是校友和朋友啊！」

「我哪兒有啊？」王豔還不承認。

「你還不承認，那好，以後你別有事求到我！」堂妹一時發了火。

「求你？哼，我才不會出錯呢。咱們今天就一刀兩斷，以後走著瞧。」王豔沒有考慮後果，把話說絕了。

三個月後，堂妹因為工作能力出眾，提前轉正並被評為優秀員工，提為組長，成了王豔的上級。但是，堂妹並沒有刁難王豔什麼，只是再見面時，兩人都會覺得有些尷尬。

王豔因為面對堂妹時一直很不自在，最後沒辦法，就辭職重新去找工作了。

俗話說：「飯可以多吃，話不可以多說，事不可以做絕。」這是為人處世的重要原則，也是中庸之道的重要體現。

你給別人帶來不了一輩子的壓力，同時能給自己留一條後路，何樂而不為呢？像王豔最後只能自食苦果，就是因為當初不懂得適可而止，把話說得太過，絲毫不給自己和別人留餘地。

每個人的生活都會有起伏，一時得意，一時也會落魄。如果你不懂得適可而止，甚至借機落井下石，之後必然會被反擊。說話、做事留有餘地，才是保護自己的最好方法。

因為，把話說絕，把事做過，就好比一個杯子裡裝滿了水，繼續加水只會溢出，這就是「水滿則溢」的道理。所以，聰明人不管在什麼時候都會給自己、給別人留餘地。當然，這就必須從各方面嚴格要求自己了。

首先，要學會說話，無論什麼原因，都不能把話說得太滿。

其次，沒能力幹好的事，不要隨口應承。即使你有把握幹好它，也要含蓄地表態，給自己留下空間。

最後，如果別人遭遇尷尬或一時失意，我們也不要嘲笑，而應該拿出自己的寬容來，為對方大開方便之門，那樣對方必將無比感激。

張綺雨大學畢業後找了一份很不錯的工作，待遇豐厚，工作也不累，還有大把的休息時間。她唯一的缺點就是有些小虛榮，特別喜歡在別人面前炫耀自己，比如吹噓自己有錢，有追求，有品位。

每次見到朋友，她都會說：「我的夢想就是環遊世界，見識形形色色的人和事，而不是做個平庸的井底之蛙。」

起初，大家都以為張綺雨是說真的，並稱讚她是個浪漫主義者。但是，很久之後她還是逢人就說自己要環遊世界的夢想，只是從來不付諸行動。漸漸地，大家就開始有點反感她了。

在一次同學聚會上，張綺雨又老話重提，一個同學實在忍不住了，嘲諷張綺雨：「你不是說要去環遊世界嗎？那你先說說，你去過多少國內的旅遊景點？」

張綺雨尷尬地說：「還沒去過幾個呢。」

大家忍不住嘲笑了她一番。我趕緊出來打圓場：「沒事，沒事，計畫往往趕不上變化，綺雨的計畫肯定會慢慢實現的。」

我的及時救場讓張綺雨感激不已，從那之後，她時不時地就會送些小禮物給我，在我需要幫助的時候，她也總是會伸出援手。

每個人都有陷入尷尬、遇到困難需要及時被人救場的時候，這時，如果我們能為對方鋪就一條「出路」，就等於給自己留了條後路。所以，跟他人交往時，我們要懂得為別人考慮，得饒人處且饒人。

還有些人比較勢利，看到他人落魄時就冷眼相待，不願伸出援手。這就需要我們端正自己的態度，不要戴著有色眼鏡看人。

其實，在關鍵時刻要幫助他人，因為對方現在落魄不等於永遠不濟，之後說不定還會大有作為。也就是說，我們要有多在「冷廟燒高香」的見識——平時有意識地幫助時運不濟的朋友，等他們有朝一日飛黃騰達之後，通常都會湧泉相報，這也等於為自己留了後路。

懂得留餘地是一種豁達、睿智，是「宰相肚裡能撐船」的表現，可以得到別人的支持。所以，要想在交際道路上走得更遠，留餘地是最好的方式。

有些時候，謊言也是對對方的尊重

我們從小受的教育是要為人誠實，因為在社交中以誠待人是大家都認可的一個原則。誠然，你只有對別人付出真心，才能得到對方的信任，可有時候，特別是在自己陷入兩難的處境時，我們還要學會適當地說謊——如此一來，你既能照顧到對方的面子，也不致讓自己陷入不利的境地。

李可為人很誠實，他最不恥的一種品行就是虛偽，因此他一直要求自己，無論在什麼場合、遇到什麼人都不能說謊。可就是這樣一個耿直的人，到了四十歲的時候，身邊竟沒有一個知心朋友，連親人都不怎麼喜歡他。

話說年輕的時候，李可任職於一家大型互聯網公司，憑藉多年的工作經驗，他很快晉升為公司的一名中階主管。出於工作的需要，他每天不得不跟各個部門的經理和員工打交道。

有一次，公司要進行大規模的人員調整，老總讓每一名中階主管都上交一份方案。李可特別實在，該匯報、不該匯報的問題，他都說了——雖然說的都是實話，但也因此得罪了不少人。

其他問題也就算了，關鍵是他還披露了部門經理生活不檢點。這下可好了，部門經理遇到了大麻煩，人家費了好大的勁兒才把事情擺平，沒被上級主管追究。

李可還跟沒事人一樣，覺得自己沒有錯，只是說了實話而已。但部門經理把他當成了眼中釘、肉中刺，處處給他穿小鞋、使絆子，恨不得整死他。

「大家的生活問題關你什麼事？如果當初你不說實話，現在也不至於如此啊！」好心的同事提醒李可。

「這是什麼話，做人就應該說實話！」李可斬釘截鐵地說道。

同事原本是好意，結果挨了一頓批，之後就再也沒人幫李可了。最後，李可實在混不下去了，只能辭職走人。但他在其他公司也不會工作得太久，因為他在「孤膽英雄」的路上走得更遠了。

李可為人耿直，但就是因為太耿直，什麼都敢說，才讓自己變成了討人厭的危險人物。所以說，在社交中，必要的謊言還是要說的。

說謊不是虛偽，有時候只是一種必要的交際手段，無關道德人品。李可的悲劇在於，他混淆了說謊與虛偽，導致沒有人願意親近他，最終他只能失去別人的尊重，也毀了保護自己的防線。

美國社會心理學家費爾德曼將人們說謊的動機分為三類：第一類，討別人歡心；第二類，誇耀自己和裝派頭；第三類，自我保護。

前兩個動機我們可以理解，至於第三個，有的人就會覺得為了保護自己而說謊是一件很不光彩的事情。其實，只要我們說謊不是為自己謀私利或者傷害他人，內心大可不必為此糾結。

「逢人只說三分話，未可全拋一片心」，有時候我們需要做的只是交際活動而已。如果對對方的一言一行都較真的話，很容易讓人尷尬，而自己也不會給人留下好印象。因此，不分場合的誠實不僅會傷害別人，也會傷害自己。

拋開道德不說，分場合說謊也是一種智慧——真正高明的謊言可以為我們在人際交往中加分。意思是說，說謊的時機要適當，用詞也要合理，並且要滿含真誠，那樣能讓對方感到溫暖，同時能保全自己的面子。

生活中，我們經常會遇到這樣的情況，本來已經打算好了週末要跟女朋友出去玩，可朋友打電話來問有沒有時間聚會——這時候，你如果直接坦白地說出理由，不免會讓朋友對你產生重色輕友的懷疑。

所以，為了避免誤會，你可以用一些聽起來合情合理的理由推掉朋友的邀約，比如公司加班、家裡有事等，要把理由說得很詳細，也要很真誠地對他表示歉意，讓對方理解自己，並且跟他約好其他時間再聚會。如此一來，你既安撫了朋友，也保證了自己的正常活動。

與人交往，適當的謊言可以起到促進作用。因為，謊言有時候能夠讓尷尬的氣氛變得活躍，讓緊張的關係變得輕鬆。畢竟，如果我們能達到既不得罪別人也保護了自己的目的，算是兩全其美。

所以說，在社交中，恰當的謊言必不可少，但不能說彌天大謊故意去欺騙他人。否則，謊言一旦被拆穿，就會引起不必要的麻煩。

中秋節那天，漫漫因為公司聚餐而醉酒摔倒，把臉劃破了，縫了好幾針，當時左臉看起來有點恐怖。她從小就是一個非常愛美的人，這可把她嚇壞了，於是天天跟朋友哭訴，要死要活的。

「漫漫，沒事的，傷口雖然大，但不深。等傷疤好一點，可以做個美容手術，不會留疤的。」我安慰她道。

「真的嗎？你確定嗎？」漫漫迫不及待地問。

「對，是真的。」我不敢確定，只能說謊話，「我之前有一個朋友，臉被玻璃劃破也縫了針，後來她用了好藥，做了美容手術，最後真的沒留疤。」

聽了我的話，漫漫安心了不少。等美容過後，她的臉上最終還是留下了一點疤痕，但她已能坦然接受了。而對於我善意的謊言，她非常感激。

還有，說謊時要對人對事，不能滿口胡謅，那樣一下子就會被他人識破，對方不但不感激你，反而會覺得你虛偽。比如，你跟一個長相醜陋的人說他長得好看，他一聽就知道你在撒謊，甚至覺得是一種諷刺。所以，說謊要有事實根據，不能太離譜。

這個世界上到處都有善良的人和善意的謊言，尤其是在交際場合，那就讓必要的謊言發揮它應有的作用吧。

當錯誤發生時，要懂得說對不起

每個人都會犯錯誤，這在所難免，可是犯錯後大家的反應可謂千人千面：有的人掩耳盜鈴，有的人文過飾非，有的人死不認帳，有的人立刻道歉……。

錯誤發生之後，選擇不同的應對方式會產生不同的結果，而且根據當時的具體狀況和情節的嚴重程度，每一種處理方式都有它的利弊。

比如，你借朋友的硬碟使用，可是弄丟了，你要個心眼兒掩飾過去了，對方對你的印象可能一如既往。可如果這個錯誤造成的影響很嚴重，比如硬碟裡有重要的資料，你也來個死不認帳，對方必然會在背後對你指指點點。

承認錯誤，別人也許會懷疑你的能力。其實，我們非常害怕別人因此而看扁了自己，更害怕承擔責任，所以很多時候我們拒絕承認錯誤。可是，從長遠利益來看，直接承認錯誤其實是最明智的選擇。雖然表面上我們好像失去了形象分，能力也受到了質疑，但是我們因此獲得了諒解和改正錯誤的機會，還會因為勇於道歉而得到對方的信任和尊敬。

正如美國田納西銀行前總經理特裡的一句名言：「承認錯誤是一個人最大的力量源泉，因為正視錯誤的人將得到錯誤以外的東西。」這就是道歉定律，也稱特裡法則。

可見，其實道歉是從失去到得到的轉捩點，而且你失去的只是一點點所謂的面子，得到的卻會更多。

某公司有個叫馬修的會計，他在核對員工工資表的時候，因為一時疏忽錯誤地給了一名請病假的員工全薪。當他發現這個錯誤之後，立即找到那名員工進行解釋，並且特此說明多發的薪水會在下個月的薪水中扣除。

這讓那名員工非常不滿，因為他的薪水都是有計劃的，而且孩子最近生病了，他的用度很緊張，如果下個月的薪水一下子被扣去很多，會讓他出現嚴重的財務危機。所以，他請求馬修分期扣除多發的薪水。

但是這樣一來，馬修就必須向上司請示，而這等於把自己犯的這個愚蠢錯誤大白於天下。同時，這還會影響一向對馬修信賴有加的上司對他的印象。

馬修一開始很猶豫，後來就覺得不能坐視不管。所以，他先向那名員工道了歉，並且承諾會盡全力向上司去爭取。那名員工自然是感激不盡。

接著，馬修很快來到上司的辦公室，將事情的來龍去脈解釋清楚了，隨後對上司說：「對不起，都是我的錯。」

上司聽了，一開始非常惱火，但因為他很信任馬修，想為馬修開脫，所以就責怪人事部的人沒有將考勤處理好。但是，馬修非常誠懇地繼續道歉：「我非常抱歉，保證這種事情以後絕對不會再發生了。但這一次，確實是我的錯！」

「好吧！」上司說，「這的確是你的錯，那麼，現在你就將功補過——這件事情全權交給你去處理，別再辦砸了！」

於是，馬修根據那名員工的請求和公司的規章制度很快將這件事情處理好了。他及時承認並彌補了錯誤，自那之後，大家對他更加信賴，老闆對他也更加器重了，這真是因禍得福。

做錯了事後能及時道歉，不僅可以消除自身的罪惡感，也有利於解決問題，更能建立一個誠實守信的形象。試想：人們是願意跟一個巧舌如簧、表面上不會犯錯的人交往，還是喜歡跟一個看起來不那麼聰明但犯錯後會及時道歉並改正的人交往呢？

現在，你知道該如何去做了吧。

多為對方著想，他才會把你當自己人

如果想讓對方成為自己的朋友，那麼，你就要從對方的角度來思考問題，看他希望交到什麼樣的朋友。也就是說，你只有做到想人之所想，急人之所急，才能交到真正的朋友。

好友魏雲在一家外商上班，工作時他一點都不敢懈怠，因為外商裡競爭都很激烈，況且處在實習期的他還沒跟公司正式簽訂合同。然而，他一直很努力地工作了三個月，並沒有取得一定的成績，只是完成任務罷了。

實習期快結束了，魏雲很擔心自己會被刷掉，但是也想不出什麼好辦法來。於是，他找到我，跟我訴說了自己的擔憂。

我聽後，對他說：「你一直都忙於工作，是不是忽略了什麼事情？」

魏雲聽不太明白，便讓我繼續說。我解釋說：「你光顧著工作，但忘了一件最重要的事，那就是與上級和同事搞好關係。其中，最重要的還是與上級的關係，因為上級的一句話就可以決定你的去留。」

魏雲這才恍然大悟，他決定在最後這幾天盡最大的努力搞好人際關係。

第二天，他提前去上班，到了辦公室就開始打掃衛生，雖然這並不屬於他的工作範圍，但至少可以讓人注意到他——他只想盡力做得更好。

之後，他主動帶著自己的方案來找經理討論——他只想讓經理知道他有能力做好工作。事實上，經理對他的方案很感興趣，還納悶地想：怎麼這麼長時間都沒有注意到這個人才？於是，經理決定重點培養他。

在接下來的幾天裡，魏雲不光得到了經理的認可，還得到了同事們的好評。試用期過後，他順利地留在了公司，並且在三個月後被提升為經理助理。

魏雲最終成功地留在了公司，並且很快得到晉升，這說明他很好地抓住了上司的心。天下沒有不愛才的上司，他們也需要得力幹將來為自己出謀劃策，認真工作。當然，你也絕不能因此而走上阿諛奉承的道路。

其實，在日常生活中，即使是結交朋友也要從對方的角度來考慮問題。比如，對方一開始可能對你並不信任，而你要知道自己該如何做——只有設身處地地為對方著想，他才能真正把你當作人生益友。

在商場上，要想贏得客戶，就更要想他所想的。只有在了解對方的想法之後，我們才能做出更好的回應。這是做成生意的正確態度。

總之，不管做什麼，能從對方的角度考慮問題，就能更好地滿足對方的要求，從而達到

社交的舞臺上，並非只有你一個主角

有這樣一類人，他們總是自我感覺良好，做什麼事都以自我為中心，置他人的需求和感受於不顧。這主要表現在：第一，不關心別人，與他人關係疏遠；第二，固執己見，唯我獨尊；第三，自尊心過強、過度防衛，有明顯的嫉妒心。

總的來說，這種人心裡只有自己，從來不考慮別人。原因是，他們擁有嚴重的個人主義思想。

毫無疑問，這種自我意識對他們自己的發展有百害而無一利。由於過度追求個人利益，他們在追求自己的「崇高理想」的同時，也失去了良好的人際關係——沒有人願意跟他們這種自私的人合作共事或終生相伴。

坦白說，任何人都有自私自利的思想，只不過有人能分清對象來不同地對待。現今獨生子女多，他們從小就是整個家庭的核心，長輩大多都過分地愛護甚至是溺愛他們，使得他們在不知不覺中養成了自私自利的壞習慣，在交際中會忽視別人的感受。

向南是某公司銷售精英，正往銷售部副經理的位置努力。這天他回到家，高興地對小鹿說：「老婆，告訴你一個好消息，今天開會的時候，主管對我提的方案很滿意，還說……」

「真的嗎？」小鹿心不在焉地說，她正在修剪一盆石榴花，「那真是個好消息。老公你看，這盆花打理得好不好看？對了，咱家馬桶不抽水了，你一會兒去看看好嗎？」

「當然好啦。我剛說主管聽取了我的建議，說真的，開會的時候我真有點緊張，但他們終於發現了我的才華，說不定……」

「是啊，我早就說過你是懷才不遇。」小鹿插話道，「我買了咖喱粉，晚上我們吃咖喱飯吧。對了，下午表妹給我打電話來著，說要過來住兩天，我去收拾一下客房，你先去廚房削馬鈴薯吧。」

直到這時候向南才發現，在這場溝通中他徹底被老婆打敗了。沒辦法，他只好悶頭走進了廚房，而小鹿絲毫沒注意到他的情緒。

看到這裡，大多數人都認為小鹿自私極了，只在乎自己的問題。其實，小鹿與向南一樣，都想找一個傾聽者，可她把傾訴的時間弄錯了——如果她能耐心地聽完老公想說的話，再跟他聊自己想說的話題，兩個人的相處會很愉快。

每個人都想獲得利益，避免傷害，這就是人性。如果可以，我們都想按照自己的想法去生活，在交際中獲得最大的利益。可是，人們總是相互制約，每一個變數的改變都會對整個溝通產生深遠的影響——就像「蝴蝶效應」一樣，美國太平洋海岸的一隻蝴蝶僅僅扇動一下翅膀，就能引起對面海岸的一場海嘯。所以說，事物的發展往往不會按照個人的意願進行。

社會學家指出，人際交往中最簡單、最實用的原則就是「你喜歡我，我就喜歡你」。所以，你若想得到別人的欣賞和尊重，首先要學會欣賞和尊重別人，人類的發展就是這樣相互制衡的。

有人說，你能在某段時間騙了某個人，也能在某段時間騙了所有人，可是你不能在全部的時間裡騙了所有人。你是什麼人，大家遲早會看出來，到那時，你的信譽就會像骨牌效應一樣迅速坍塌。

因為，人際關係是一種互動中的平衡，如果你不幸違背了這一原則，那麼你很快就會得到教訓。比如，曹操剛剛說：「寧我負人，毋人負我！」陳宮就想：「（曹操）原來是個狼心之徒，今日留之，必為後患。」於是，他就起了殺曹之心。雖然陳宮最後沒能殺了曹操，但也不再輔佐他了。對曹操來說，失去陳宮是一個非常大的損失。

在工作和生活中，每個人都有自己的欲望和要求，並且享有相應的權利和義務，但是現實不可能滿足所有人，如此一來，就很容易出現矛盾。因此，我們不能一味地為自己考慮，而要客觀地面對現實，學會包容和禮尚往來。

我們要跳出自己的圈子，提高自己的修養，控制自我的欲望與言行，多為身邊的人著想，學會尊重、理解和關心、幫助別人。只有這樣，在你需要幫助的時候，別人才會伸出援手。

把關愛留點給別人，把公心留點給自己。

把「我們」常掛嘴邊，跟誰都能成為自己人

在溝通的過程中，如果你總是把「我」字掛在嘴邊，會給人自私、狹隘、沒有團隊協作精神之感。這樣一來，不但沒有人願意跟你交朋友，你也不會找到好工作。所以，無論與什麼人溝通，都不要總是把「我」字掛在嘴邊。所謂「說者無意，聽者有心」，即使你不是故意的，別人還是會覺得不舒服。

如果把「我」變成「我們」，與人交往則會順利很多。這是因為，「我們」顯得非常謙虛，說出來的話對方愛聽，對方自然就會心情舒暢，這樣你在與其溝通的時候也就不會有障礙了。

一家大型公司發出招聘資訊後，應聘者接踵而至，多達百餘人。當時，公司只需聘用兩人，於是在一番精挑細選後選中三人，以期進行下一輪的面試。

由該公司高層組成的招聘小組經商討後，為這三人出了一道這樣的題目：「假設你們三人一起開車去森林探險，結果車子在返回途中拋錨。這時，車內只有四樣東西供你們選擇，

分別為刀、帳篷、水和繩子，請你們按照這些物品對你們自身的重要性進行排序。」

其中一位男士首先答道：「我選擇刀、帳篷、水、繩子。」

招聘負責人問：「你為什麼把刀放在第一位？」

這位男士說：「我不想害人，但防人之心還是要有的。帳篷只能睡兩個人，水也只有一瓶，萬一有人為了生存而爭奪，想謀害我怎麼辦？我把刀拿到手，也好防身啊！」

其中一位女士說：「水、帳篷、刀、繩子這四樣東西是我們都需要的物品。」馬上，「我們」這個詞引起了招聘負責人的興趣，他微笑著問：「說說你的看法。」

女士解釋說：「水是生命之源，儘管只夠兩個人喝，但大家都謙讓的話，省著點是可以共度危機的；帳篷雖然只夠兩個人睡，但三個人可以輪流睡；刀也是必不可少的防身工具；而當遇到懸崖峭壁時，我們可以用繩子進行攀援。」

最後一位男士的回答與這位女士大致相同。

結果，第一位男士被淘汰出局了。

這就是把「我」字常掛在嘴邊給人們帶來的不利影響。一個過分以自我為中心的人，做事喜歡搶風頭，搶功勞，並且還會把過錯推給別人——這樣的人會令人討厭，沒有人願意與之為伍。

一名肥胖的女孩來到服裝店買T恤，可是試了很多件都不滿意——自己喜歡的穿不上，能穿上的又不喜歡。

這時候，一名跟她身材差不多的店員走過來，問道：「這位朋友，是不是很難挑到中意的衣服？」

「是啊！」

「像我們這樣身材的人，很難買到合適的衣服，我就經常買不到。」

這句話一下子說出了女孩的苦惱，她點點頭說：「是的，很多衣服我都挺喜歡的，可就是沒有大號，我穿不了。」

接著，店員耐心地向女孩傳授了一些胖人挑衣服、穿衣服的技巧，最後說：「我們店裡的衣服款式很多，而且號碼齊全——瞧，這件就很適合咱們，你試試看。」

女孩子對店員親切的話語充滿了好感，而且對她的眼光很信賴，試穿之後立即決定買一件。

這名店員正是用「我們」一詞將顧客變成了「自己人」，結果對方就對她增加了信任感和好感。與人交談，用「我」和「我們」的差別在於聽者的感受。人們都比較喜歡聽「我們」這個詞，比如：「這是我們共同的家園。」「這是我們共同的公司。」

說者用「我們」一詞將聽者變為「自己人」，可以激發聽者的積極性、主動性、自覺性。相反，如果將「我們」換成「我」，聽者心裡必然會產生抵觸情緒，認為你對他不夠尊重，同時也會認為你是一個自私的人，從而不願與你交往。

所以，無論與誰溝通，我們都要把對方擺在首要位置，把「我們」一詞掛在嘴上，讓說

5

CHAPTER

難得糊塗，並非所有事情都要明明白白

有些問題，不懂比明白更好些

有時候，我們會遇到形形色色讓人難以回答，甚至不懷好意的提問——如果你不懂談話技巧，很容易讓氣氛變得尷尬，甚至得罪他人。有些人就是因為不善於回答提問，從而讓自己陷入被動又無法讓對方滿意的境地。

其實，面對不想回答的問題，我們要學會答非所問，巧妙地進行化解，這樣自己既不失禮，又能保全面子。

前段時間，秀雨去美容診所做了整形，五官確實立體了不少。上周她去參加大學同學的婚禮，大家都誇她越來越漂亮了。

小棠盯著秀雨的鼻子看了一會兒，說：「你現在怎麼這麼漂亮，是不是整容了？」

「哈哈，你真是太會誇人了！」秀雨不動聲色地說。

就這樣，原本尷尬的話題就被秀雨巧妙地化解了。

在社交中，不要回答別人想知道的問題，而要回答自己想回答的問題。尤其是在重要場合，巧妙的回答不僅能顯示自己的才華，還可以讓對方滿意，讓他產生好感。案例中的小棠就是個不會提問題的人，她時時在暴露自己的短處，最終影響了自己的形象。

有人認為，話多說一句少說一句都沒關係，在回答問題時可以毫無保留。事實證明，這是不可取的。這時，答非所問就派上用場了。它可以讓我們巧妙地繞開他人的話題，既能避免尷尬又能避免失禮，引起不必要的麻煩。

懂得運用答非所問方式回答問題的人，總能在社交中如魚得水，贏得「柳暗花明又一村」的新局面。

要想做到答非所問，就要懂得「揣著明白裝糊塗」，這樣的人不是傻瓜，而是真正的智者。面對尖銳的問題，回答會讓我們感到尷尬，不回答又顯得不夠大氣——而假裝聽不懂其中的含意，用其他方式回答才是最好的辦法。

有些人無法做到答非所問，他的人際關係就會顯得比較緊張。凡事太認真就會心胸狹隘，斤斤計較是交際中的忌諱，千萬不能老犯類似的錯誤。遇到難題，要學會輕鬆繞行，這樣才能把交際問題解決得更好，從而達到社交的目的。

遇到不方便正面回答的問題時，可以通過暗示讓對方明白其中的意思，或者傳達自己的不滿，言在此而意在彼。這是一種有效的緩衝方法，可以使對方扔出的「炸彈」威力降低，也可以給對方一次含蓄的警告或一個下馬威。如此，對方才能意識到自己的問題並加以改正。

社交中，很多時候我們都不能「打開天窗說亮話」，而要通過巧妙的暗示將難以回答的問題變得簡單，同時讓氣氛不太尷尬。所以，我們要學會通過暗示表達自我，巧妙地回答問題。

轉移話題也是答非所問的重要方法，面對不想回答的問題，不妨當作沒聽到，開啟新話題。主動轉換話題，主導談話方向，這樣才能在交際中佔據主動地位，避開雷區。

王浩是剛入職場的新人，也是因為初生之犢不怕虎，他一來就得罪了很多人，為此吃了不少苦頭。後來，他也意識到了不妥並慢慢地改正，但平時跟人聊天時還是有人故意刁難他。

在一次公司培訓的時候，王浩因為早晨堵車遲到了五分鐘——這可不得了，他一時成為眾矢之的。公司的培訓主管張經理帶頭刁難他：「喲，小王，你可是從來不遲到的，今天培訓怎麼遲到了？該不會是對上司有意見吧？」

面對這麼讓人為難的問題，王浩很生氣，但也不敢跟張經理頂嘴。於是，他靈機一動說：「張經理，您來得真早，早就聽別人說您是單位的楷模，以後我得向您學習。」

張經理還想發問，王浩立刻打斷他：「聽口音您是花蓮人吧？我外婆也住在花蓮，有機會到花蓮我請您吃飯。」

就這樣，王浩通過轉移話題，巧妙地避開了張老師的刁難，化解了尷尬。

遇到實在不想回答的問題，還可以假裝聽不懂，曲解對方的意思而應付過去。因為，那些經驗豐富的人很會設計談話陷阱，你如果按照常規思維方式去回答他們的提問，必然會掉進陷阱，而巧妙曲解就不會如此了。

如果對方的問題有難度，或者一時不知該如何回答，你可以通過反問把問題拋給對方，讓對方替自己回答。如此一來，你可以根據對方的回答而取其精華，或許對方可能也會因為不好回答而放棄刁難。

總之，我們在社交中難免會遇到不懷好意的刁難者，如果我們不懂答非所問，就會陷入被動局面，被對方牽著鼻子走。所以，我們要培養自己繞開話題的意識——既能給對方有力的還擊，又能彰顯我們的智慧，這最好不過了。

交談時，我們除了可以通過以上幾種方式來應對他人不懷好意的問題，更主要的是要隨時保持自己敏捷的思維，尋找對方話語裡的突破口——只有如此，我們才能在回答問題時佔據有利的交際地位。

不是每一個人，都能成為推心置腹的朋友

在社交中，我們可以跟任何人和平相處，但不可能跟所有人都成為朋友。所以在聊天時，我們完全不必推心置腹地跟所有人交底。

這是因為，不是所有人都可以跟你兄弟相稱。就算是朋友，我們也要先經過慎重的選擇，找到真正可以掏心掏肺的人，然後敞開心扉地交談。

小貝在公司幹了兩年多，他覺得現在所在的售後部沒啥發展前景，打算年後跟公司申請調去市場部，如果公司不批准就辭職。

沒過幾天，小貝在食堂碰見人事部的主管大森，他們倆平時關係不錯，小貝就把心事告訴了大森。可沒想到，大森扭頭就把這些話告訴總經理。

總經理聽了氣不打一處來，說：「他以為自己是誰啊，要走就走。」

下午，售後部主管找小貝談話，開門見山地說：「小貝，你沒有負責市場銷售的經驗，公司不可能以你現在的薪水請一個毫無經驗的人。我聽大森說，如果申請調崗不成功，你就

要辭職，有沒有這回事啊？」

小貝趕緊說：「沒有。」

可主管還是下達了「逐客令」：「如果要走的話，提前一個月申請；如果想留下來公司也歡迎，但是你要想辦法提升自己的能力。」

主管走後，小貝氣得火冒三丈，他怎麼也沒想到大森會出賣自己！後來他覺得繼續留在公司也沒啥意義，就辭去了這份工作。

在社交中，不是所有人都可以推心置腹。就像小貝和大森，他們是朋友，但最終小貝被自己視為朋友的大森出賣了。

我們在與人推心置腹時，往往袒露的都是自己內心最深處的情感或祕密。如果對方人品低下，就會給自己帶來慘重的後果——比如，你的祕密會成為對方利用你的把柄，甚至為此而出賣你。

也許你會覺得是別人出賣了你，但真正要怪的人應該是你自己——是你自己選錯了人，把他當成了可以推心置腹的朋友。所以，在你沒法兒看清一個人前，最好不要將心裡話都說與他聽。

而選對了人，你就可以暢所欲言，得到對方的安慰和幫助，並加深你們之間的感情。反過來，對方也會把心底的祕密告訴你，你們就會因此而成為知己。

你一定要找你信任的人作為傾訴對象，不要跟表裡不一、暗中傷人者表露情感——這樣的人往往表面上對你好，背地裡卻想利用你，傷害你。

張佳在一家創業公司工作了一年多，最近公司來了一名新同事周筠。周筠比張佳大四、五歲，她第一天來上班時，趁主管不在跟張佳聊起天來，她還向張佳吐槽公司環境一般，電腦設備陳舊，以及對主管的不滿。

雖然周筠是新員工，但是幾年前她曾跟主管在其他公司共事過，可以說是主管的老部下了。張佳知道後，心想，難怪她知道主管那麼多糗事。她們倆聊天時，周筠幾次強調：「咱倆可是一條船上的，這些事千萬別讓主管知道哦！」

張佳小雞啄米似的點頭。

相處一段時間後，張佳和周筠的關係更加親密了，下班後她們一起到餐廳吃飯，張佳還親切地叫周筠姐姐——她不僅把自己知道的公司情況都告訴了周筠，還把自己的很多私事也告訴了她。

有一次，閒聊時周筠問起張佳的薪資情況。原本公司要求大家對薪資保密，但張佳覺得周筠為人直爽，跟自己交情不淺，就告訴她了。周筠聽了驚訝地說：「天呀，你這兩個月天天加班，工資居然這麼少，你怎麼不跟主管提提漲工資的事啊？」

聽周筠這麼一說，張佳覺得很有道理。自己在公司這一年多來一直兢兢業業，滿一年時調薪也沒漲多少，如果不主動提加薪，要等到猴年馬月才有機會？

所以，張佳決定下班後跟主管聊聊漲薪的事。

張佳以前段時間公司業務繁忙、自己壓力大為由，跟主管申請漲工資。主管說，每年的一月份才會調整薪資，中途沒法處理，隨後就拒絕了張佳的請求。就在這時，周筠進來給主管送資料，正好聽到他們說到漲薪的事。

周筠一反常態批評了張佳，說她不懂事，年輕人不能老想著漲工資，應該腳踏實地做事。主管很滿意，還讓張佳多跟周筠學習。那一刻，張佳才反應過來：原來她們倆根本不是一條船上的，她把周筠當好朋友，可周筠把她當了上升的墊腳石。

表裡不一、暗中傷人者通常在你面前會偽裝得非常好，其實是想通過對你的關心，跟你拉近關係，套出你內心的隱秘情感。

這種人會先把自己的「小祕密」推心置腹地告訴你，然後希望獲取你的隱私。對於這樣的人，你一定要守口如瓶。

對於有惡劣習性的人，也不要深交。這種人意志薄弱，而且品質也不好。他們沒有社會責任感，沒有道德底線，為了一點好處他們就會出賣朋友。你把自己的隱私推心置腹地告訴他們，無疑是給自己的生活埋下了「定時炸彈」。

以自我為中心的自私自利者，也不是推心置腹的交談對象。這樣的人一切以自己的利益為出發點，很少真正顧及別人的立場與感受，你跟他們深交，最終犧牲的就是自己的利益。

對於那些心理灰暗、處事消極的悲觀主義者，你也要敬而遠之——這種人只能給你的生活帶來負能量。他們也許不會出賣你，但也不會帶給你正能量——與他們交往，你的生活不

保持一定的距離，過自己的「美好生活」

刺蝟身上的刺是用來保護自己、防止敵人傷害的，但刺蝟也有自己的「美好生活」，它們能與其他動物保持一個恰當的距離，就像是動物世界裡的中立者，不去招惹誰，只過自己的好日子。

如果用這種生活方式來比喻一類人的話，那就是現實中的「好好先生」。當然，人與人之間的交往沒有動物之間那麼簡單——因為我們既要做好自己的事情，又要做得讓他人滿意。但是，從刺蝟的身上我們可以懂得：與他人保持恰當的距離是絕對有益的。

人際交往中，保持適當的距離也是一門學問。通常而言，對方踏入以你為圓心、半徑三米的範圍之內，就算是踏入自己的隱私區。

因此，在單獨與別人交往時，大家只有在確認了對方對自己友好的情況下，才能同意與他近距離接觸。要明白，與對方保持一定的距離是對他的尊重，也是保持自身良好形象的一種表現。

李封憑專業知識做了經理的助理，因此，業務上他免不了要出去應酬。但是，他的酒量不太好，以前也沒怎麼參加過應酬，於是每天一下班便匆匆離開公司，生怕主管有什麼應酬拽上他。

時間長了，同事們難免拿李封開玩笑，說他每天來無影去無蹤。正巧，經理也聽見了，就把他叫到辦公室，對他說：「小李，你做經理助理也有好幾個月了，也沒見你參加過什麼應酬。這可不行，跟客戶吃飯也是我們的工作範圍。正好今天有一個應酬，是陪一位大客戶吃飯，你可不能再缺席了。」

李封只能答應下來。

下班後，李封跟著經理來到了酒店。席間，大家聊得很開心，經理起身勸酒，讓大家盡情地喝。大家都喝了不少，李封自然也有了幾分醉意，但他還能站穩。

接著，經理提議去唱歌，李封就負責叫車把大家帶到了附近的ＫＴＶ。在ＫＴＶ裡，經理又點了不少酒，說：「大家今天一定要喝得盡興，不然都不能走。」說完，他便看了李封一眼，順手遞給他一瓶啤酒，「酒場如戰場啊，我們就該陪客人喝得盡興，你也是，放開點。」

經理攬著李封的肩膀，勸他喝下了那一瓶啤酒。大家看李封還挺能喝，便都上來勸酒。而李封一時腦熱，便都應了下來，直到喝得暈乎乎的什麼也不知道了。

第二天一早，李封發現自己躺在一間賓館裡。上班後，他問過同事後才知道自己昨晚喝得爛醉如泥，還抱著經理稱兄道弟，後來被經理派人送到了賓館。

幾天後，經理找李封談話：「小李，我們這個部門難免會外出應酬，而你也不太會應酬。我已經跟人事部說了，你還是去售後服務部工作一段時間看看吧。」

李封一聽，知道自己喝醉後犯的錯誤已經無法補救了，只能去售後服務部報到。

跟上司在一起時，不管是什麼場合，都該保持一定的距離。畢竟是上司，你只能敬而畏之。如果跟上司稱兄道弟，難免會被別人笑話，而且上司的心裡也不會舒服。就算你們私交再好，在他人面前，你也該做到公私分明。

其實，我們都應該學會如何跟主管打交道。

首先，要有上下級觀念。就算主管對你再好，你也要明白自己必須與主管保持一定的距離。

其次，不能有越位的想法。主管看好你是因為你踏實肯幹，但如果你有越位的想法，那麼，主管就會覺得自己受到了威脅，必然會把你壓制下去。因此，聰明的人從來不會抬高自己，而是會抬高主管，並且與主管保持一定的距離。

有時，主管可能會放下身段跟我們開玩笑，但是作為下屬，你不應該忘了自己的身份。如果我們因為主管開玩笑而放肆起來，那麼，這種愉快、和諧的氣氛就不會持續很久。

總之，不管面對誰，都要與對方保持一定的距離。因為，有距離才能讓你安全地立足於這個社會，愜意地享受人生。

得意忘形只會招來惡果

有位企業家曾說過：「當你經過千辛萬苦使你的產品打開市場的時候，你最多只能高興五分鐘，因為你若不努力，第六分鐘就會有人趕上你，甚至超過你。」

這句話告誡我們，一時的成績不代表永久的成功，如果得意忘形，一味張揚、炫耀，只會帶來負面效應。所以，無論你有多高興，都應該適可而止。

相信大家都聽過特洛伊木馬的故事：

在特洛伊人與入侵者希臘聯軍的戰役中，雙方均有勝負。後來，有人給希臘聯軍獻計，佯裝撤退之勢，只將一匹大木馬留在城外，但在馬腹內藏了一些精幹武士，其餘主力軍皆隱藏於附近。

特洛伊人看見希臘大軍浩浩蕩蕩地撤退了，還真以為敵人會就此罷手，於是將木馬拖入城內當作勝利的果實。

但讓特洛伊人樂極生悲的事情隨之發生了。就在他們享受勝利的宴會時，木馬中的希臘軍士全都跳了出來，悄悄打開城門，跟城外的主力部隊裡應外合，將特洛伊人滅亡了。

在取得階段性勝利或成功時，喜不自禁、忘乎所以，這是人類最普遍的弱點。而不能抑制這種驕傲自滿的情緒，是造成失敗的原因之一。

舉例來說，當上司提升或嘉獎你的時候，你肯定會感到得意。這當然無可厚非，但是要記住：得意之餘，不能忘形。如果你因為得到一點榮譽就翹起尾巴，不知道自己是誰，你就會因此而止步不前。這就很危險了。

在你成功的同時，要記得告誡自己：與自己的職業規劃相比，這只不過是微乎其微的一點小成績，所以不能高興得太早，還需要繼續努力。

鄰居張叔的兒子大兵年後拿下了司法考試，張叔請幾個相熟的鄰居到飯店吃飯，一來是為兒子慶祝，二來是想讓大家幫忙給兒子介紹個對象。

飯桌上，張叔笑得合不攏嘴，連聲誇讚自己的兒子：「我們家大兵就是聰明，這司法考試隨便一考就過了，不像有的孩子，考好幾次都考不過啊！」

鄰居們聽著也跟著附和，誇張叔兒子優秀。張叔喜不自勝，這時端起酒杯，對旁邊的鄰居大禹說：「大兵只比你小兩歲，你們公司有沒有適齡的姑娘幫忙給介紹介紹，我們要求也不高，跟你媳婦一樣就行。」

大禹本來挺樂意幫忙的，可聽張叔這麼一說，他心裡就不大痛快了，心想：「要求不高？那你這意思是，我千辛萬苦追來的女神不好啊？你這是貶低我，還是貶低我老婆呢？」

於是，大禹故作深沉地說：「張叔，這事可沒法兒辦，我老婆這條件可高了，不好找。」

張叔自知說錯話了，打了個哈哈這事也就過去了，想讓大禹幫忙介紹對象的事也告吹了。

你的得意忘形會對他人的尊嚴產生挑戰，對方對你的排斥心理乃至敵意也就不自覺地產生了，這就要求我們做人要學會「心張揚而神不張揚」。

聰明人在得意時總不會高興得太早，因為他們明白，一味地醉心於取得的一點成績，很快就會被別人擊敗。而得意忘形後，危機感就會取而代之。

事實上，危機無處不在，無時不在。當你在某一領域取得一定成績的時候，你無須過分重視，因為成績已經成了歷史。你的影子也不必留戀——哪怕它很輝煌，只不過是虛無的影子而已。要知道，如果你對影子戀戀不捨，你就背離了太陽。

得意的時候要謙遜，這樣你才會因此而獲得內心的平靜。

隱藏自己的實力，避免成為靶子的中心

老子說：「良賈深藏若虛，君子盛德，容貌若愚。」意思是：一個了不起的商人，外表看起來好像一無所有；一個有修養的君子，外表看起來好像愚蠢、遲鈍。這才是真正有心計的人，因為他們知道隱藏實力，避免讓自己成為他人的靶子。

你可能才華橫溢，並且因此而驕傲、張揚，鋒芒畢露，但是你要清楚，社會上的人際關係還是比較複雜的——時時處處要應付形形色色不同性格、層次的人。對此，你就要學會巧妙地隱藏自己的實力。

有人說曾國藩之所以功成名就，就是因為深諳藏鋒不露之道。曾國藩從小受到家風的影響，性格倔強，這是一種優勢，但也會帶來不良後果。初入仕途，他本著為民請命、扭轉危局的目的，採取了較為激烈的做法。

咸豐帝繼位後，曾國藩趁新皇帝治國心切，連上四道奏摺，陳述天下弊政，請求革舊立新。皇帝未予重視，他竟在朝堂上當面指責皇帝，並因此差點受到嚴懲。

帶兵以後，曾國藩無實權，而為求辦事速效，他又與地方官員發生了激烈的矛盾。他為朝廷賣命的衝勁兒和驚人的能量甚至引起了皇帝的猜忌，最後的結果是，他被迫居家守喪。一年後，由於胡林翼的活動和推薦，曾國藩才得以再次出山。經此挫折，他領悟了許多處世謀略，性格也發生了很大轉變。

曾國藩早年鋒芒太露，為當權者所忌，他們對咸豐帝說：「曾國藩不過一匹夫，一回鄉舉兵，應者雲集，實在可怕。」再加上他氣勢逼人，也激化了同其他官員的矛盾。而自從被朝廷外放以後，他深切感受到了「外吏之難，蓋十倍於京輦」這句話的含義。經過幾次挫折以後，他也學著裝糊塗了。

鄭板橋在家裡題寫了「難得糊塗」四個字，還說「聰明難，糊塗尤難，由聰明轉入糊塗更難」。

聰明人多自以為是，往往樂於顯露；而糊塗則要求人佯裝不知。所謂的糊塗，並非渾渾噩噩，而是隱藏聰明的策略——這已經被人們總結成了為人處世的智慧。

懂得隱藏，懂得退讓，才能保證自己的安全。而那些恃才傲物的人，通常很難有好下場。

唐傲畢業於知名大學，有著過硬的管理才能和遊刃有餘的公關能力，但他也有缺點——爭強好勝且易衝動，這給他的職業生涯帶來了不少麻煩。

唐傲一畢業就被一家中型合資企業相中，負責公司的宣傳工作。當時，他想把握住機遇，好好幹出一番事業來。

初入職場的唐傲，才華展露，寫出來的方案頗受老總的欣賞，曾多次被老總當眾誇獎。但半年後，跟他一同進公司的兩位同事都升職了，他還在原地踏步，於是他心理不平衡了，還因此遷怒於人事部經理，跟對方吵了一架。

與人事部經理發生衝突後，唐傲被老總叫去談話。老總意味深長地對他說：「小唐，請你給我一個機會，讓我了解你，認識你，之後才能決定你的崗位。」老總想再觀察他半年，把公關部經理的位置留給他做。

年終調整薪資，唐傲的工資翻了將近一倍。可是，這一喜訊沒讓他高興多久，他又開始心理不平衡了。因為，跟他一同進公司的同事又有了新變化——有的升職，有的外調別的部門，而他還是處於起跑階段。

唐傲覺得再這樣等下去沒結果，於是漸漸地露出了他任性的一面。有一次，公司通知他在休息日加班，他覺得不公平，便斷然拒絕了要求。這讓老總極為尷尬，於是也沒什麼耐心再考驗他了，從此將他打入了「冷宮」。

最後，唐傲也自覺無趣，只好辭職走人。

初入職場的年輕人往往急於顯露自己的才能和實力，表現得鋒芒畢露、急於求成——凡事都要爭個「先手」，有時動不動還要「搶跑」。但這必然會過早地捲入競爭中，也會在辦公室規則下顯得被動，最終落個英雄無用武之地的下場。

初入職場，聊天不要大談特談

在工作中真正懂得表現自己的人，通常是既表現了自己，又不會被人察覺。他們不會以自我為中心，不會自顧自地在那裡大談特談，而是能給人一種「參與感」。

與同事交談時，他們喜歡用「我們」，不喜歡用「我」，因為「我」給人一種距離感，而「我們」更有親和力——不僅在無形中會把其他同事拉到同一陣營中，還可以按照自己的意圖影響他人。

「槍打出頭鳥」「木秀于林，風必摧之」，這兩句話告訴我們，一個人喜歡出風頭不是一件好事——我們只有隨時保持謙虛、低調的態度，才能讓自己離成功越來越近。

因此，在工作的頭三年裡，我們要學會不露聲色地讓別人注意到自己，這也是大家所說的「低調地賣弄」。

張棟是一家合資公司的職員，他工作積極主動，待人熱情大方，深受同事們的歡迎。可是，突然有一天，一個不經意的小舉動讓他在同事眼裡的形象一落千丈。

這天，大家在會議室等著經理來開會。一位同事覺得地板有點髒，於是開始打掃起來。張棟一直站在窗臺邊看風景，突然，他聽到了會議室外面的腳步聲，立刻走到拖地的同事面前說要幫忙。可是，這時地已經快拖完了，不過在他執意的要求下，同事也沒多想就把拖把遞給了他。

張棟剛接過拖把，經理便推門而入，正好看到了他在拖地的舉動。

一切不言而喻。大家突然覺得張棟十分虛偽，紛紛不願再跟他交往了。

人們喜歡表現自己，這是一種本性，也是正常行為，就像極樂鳥類喜歡炫耀漂亮的羽毛一樣。但是，如果不分場合地表現自己，就會讓人覺得虛偽、做作，最終的效果往往適得其反。

在談話的時候，很多人不管是否以自我為中心，老是愛表現自己——這種人會讓人覺得輕浮、傲慢，最終對方會對他們產生排斥感和不快。

在與人交往的過程中，我們都希望得到別人的尊重和讚賞。法國哲學家羅西法古曾說過：「如果你要得到仇人，就表現得比你的朋友優越；如果你要得到朋友，就要讓你的朋友表現得比你優越。」

這裡再重複一下重點：當你的表現讓朋友覺得他比你優越時，他就會有一種被肯定的感覺；而當你的表現比朋友優秀時，他就會反感，甚至產生敵對情緒。

因為，每個人都會在無意識的情況下本能地維護自己的尊嚴和形象——如果有人讓他感到自卑，那麼，無形中他就會對那個人產生一種排斥心理，嚴重的還會產生敵意。

在職場中，即便你真的比同事強，也要給他人應有的尊重。學會與同事相處的技巧，這樣他們也就不會對你產生反感，同時也會慢慢地認可你的能力。同時，你還要懂得適當地暴露自己的劣勢，以此減輕嫉妒者的心理壓力，從而淡化矛盾或衝突。

李靜是一名剛從師範大學畢業進入中學教書的新教師，她對最新的教育理論頗有研究，講課也寓教於樂，形象生動，很受學生們的歡迎。

這引起了一些任教多年，卻缺乏最新教育理論研究的老教師的嫉妒，開始在李靜背後指指點點。

為了改變現狀，李靜故意在這些同事和老前輩的面前放低姿態，並且很謙虛地向他們請教和學習。這樣一來，李靜有效地拉近了自己與同事的距離，也就消除了他們的敵視心態。

平易近人、低調謙和的人總能結交到許多好朋友，而那些自私自大、自以為是的人，在交往中往往會讓人反感，到處碰壁。

職場中有這樣一類人，他們十分機智，有很強的工作能力，但是他們鋒芒太露，會讓別人敬而遠之。他們太喜歡表現自己了，總想讓所有人知道他們很厲害，以此獲得他人的敬佩和認可，結果只能事與願違。

做人要低調，要謙虛——越是這樣，別人越是喜歡；反之，越是孤傲、自大，別人越會瞧不起。因此，平時你一定要謙遜待人，這樣才會得到別人的支持，為你事業的成功奠定基礎。

當你以謙遜的態度來表達觀點或做事時，就能減少一些衝突，還容易被他人接受——即使你發現自己有錯，也很少會出現難堪的局面。

不管怎麼說，作為職場新人的你一定要學會低調做人。

注意你的言行，防止觸碰到他人的利益

在職場中，注意自己的言談舉止很重要，不能過分地張揚個性。如果你的言談舉止觸犯到了對方的利益，對方一定會想方設法地進行報復，這樣你就很可能成為對方的靶子。

做人做事要言行平和，這樣就不會導致別人對你產生敵意。如果你經常感情用事，說話很隨便，因為一點成績就得意忘形，這會給你帶來交際阻礙。因為，當你的言行超出別人的容忍度，他必定會找各種機會給你穿小鞋，甚至排斥你打擊你。

王玫研究生畢業後，憑實力應聘進了一家公司，一開始只是一名小職員。

公司辦公區有個不大不小的休息室，那是員工吃午飯、喝茶談事的場所，也是休息時閒聊的地方——很多閒話都是從這裡傳出來的。

有一次，王玫去休息室沖咖啡，正好遇到兩位同事在閒聊。她們看到王玫進來了，也把她拉進了閒聊的話題。

一位同事說：「你們知道嗎？聽說咱們經理是胡總的情人，那次胡總來咱們部門視察時，他倆的眼神可曖昧了。」

另一位同事也說：「就是就是。那次胡總一進經理的辦公室，經理就把百葉窗拉上了，兩人不知道在裡面幹了什麼。」

這時，王玫插話道：「聽說經理只有高中文憑。我們這些本科生、研究生還不如一名高中生——經理的能力實在不敢恭維。」

說完這句話後，王玫就有點後悔了。因為，這兩位同事進公司很久了，她們說什麼自然沒事。可是，自己說的話會不會被她們傳出去那就不一定了。

想到這兒，王玫緊張地離開了休息室。

沒幾天，王玫就被公司辭退了，原因是那兩位同事告了黑狀——她們把自己說的閒話都推到王玫身上，並說給經理聽了。因為她們怕王玫把她們說的閒話傳出去，就先下手了。

王玫知道真相後，後悔不已——正因她言行不當，才導致被別人當了靶子。

在職場中，注意言談舉止就是要知道哪些話該說，哪些話不該說；哪些事該做，哪些事不該做。所以，在什麼樣的人面前就該說什麼話、做什麼事——什麼都要經過思考，然後做到謹言慎行。

相反，如果你沒有注意自己的言談舉止，很可能會因為一個很小的細節就被別人利用，甚至成為別人攻擊的靶子。有能力、有才華是好事，但如果你不懂得收斂，不懂得隱忍，也很難在職場中立足，甚至會給你招來災禍。

不管一個人多麼有權有勢，只要他過分張揚，狂妄自大，傲慢無禮，就不會有好下場。因此，只有謹言慎行，才能叱吒職場。

你需要練就自控力。因為，懂得自控的人才不會輕易受到情緒的制約，不會在衝動之下做出害人害己的事。就算面對不喜歡的人或事，你也不要輕易表露出情緒。你不必強迫自己喜歡對方，但要禮貌地對待對方。

在職場中，如果你不在乎別人的感受，無所顧忌，隨心所欲，就會成為眾矢之的。切記：學會收斂個性，學會謹言慎行。

柳瑩是一家公司策劃部的副經理，她能力很強，業績突出，長得也漂亮，同時多才多藝，但在公司裡很不受歡迎。

剛進公司的時候，柳瑩憑藉自己出色的專業能力，經常能給上司提出很好的建議。再加上她工作努力，同事對她的評價都不錯。

在年底的公司聯歡會上，柳瑩能歌善舞，非常活躍。同事們分組上臺去唱歌，她就去搶風頭，吸引了大部分男同事的目光。

工作閒暇之際，女同事們總喜歡談論一些穿著打扮的事情，而柳瑩這時總會無所顧忌地指出某某女同事的不足之處。漸漸地，很多同事就開始討厭她了。

柳瑩在公司工作了三年，竟然沒有建立起自己的人脈網，公司的新老員工都在明顯地孤立她。最後，因為爭強好勝，她多次在工作中出問題，而上司在多次勸告她無效後，就讓她另謀高就。

在職場中，跟他人交往要懂得收斂鋒芒，不要認為自己最優秀，不要隨心所欲地想說什麼就說什麼，想幹什麼就幹什麼。你要多站在對方的角度思考問題，這樣才能了解對方的真正意圖，讓自己避免被孤立，或者成為大家的眼中釘。

有些話、有些事，就讓給別人去說和做；有些風頭或功勞，就讓給別人去搶。這樣的你，才是一個有格局的人。

總之，你要隱藏銳氣，謹言慎行，才能生活和工作平順。做一個成熟而有城府的人，你的路就會好走很多。

人多嘴雜的場合，你一定要遠離，或者保持距離。聽閒話，說閒話，最終你會落閒話；不說閒話，不摻和閒話，麻煩事就不會找上你。

在與比你地位高的人交往時，一定要謙卑。不要違背對方的意思，而要順著他，這樣你才能免於與他產生矛盾或衝突。

此外，你也不要把心裡話說給關係一般的人聽，否則當你在與對方有了利益衝突的時候，他會利用你的心理弱點明裡暗裡地打擊你。

言談舉止決定你的職場生涯，你要儘量注意避免因為言行問題傷害別人，導致交際失敗。

6

CHAPTER

你若太看重面子，生活將成一團亂麻

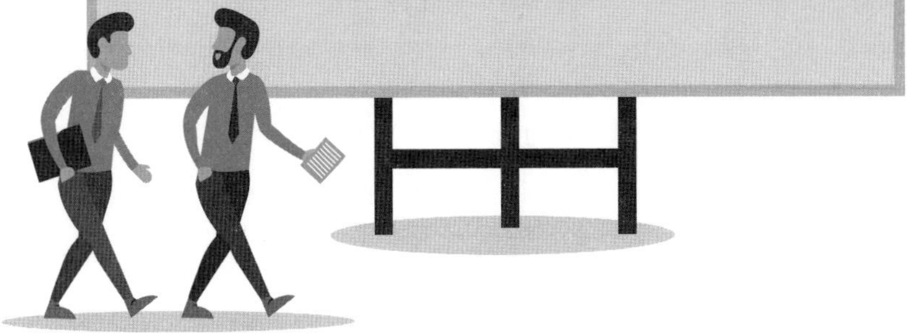

為了一個好印象，什麼都能答應嗎？

「人要臉，樹要皮」，這句話我們一點都不陌生，尤其是對很多男性而言，有時候為了面子他們會在朋友面前擺出一副這樣的姿態：「沒問題，你的事就是我的事！」「這事交給我，肯定能辦好！」

為了給朋友留下好印象，「拒絕」似乎成了我們人生字典裡從不會出現的詞。為朋友兩肋插刀，這當然讓人敬佩，可是如果自己明明沒有那份實力，卻依舊對朋友的期望有求必應，這是成熟的行為嗎？

先看下面這個故事吧：

孫皓從小就愛面子，不管別人有什麼事找他幫忙，他都會答應，似乎這樣能顯得自己有本事。幾年前，他的朋友趙磊開了一家商貿公司，後來生意越做越大，就決定與一家經常去的酒店商談，希望這家酒店可以降低收費標準，作為自己固定的招待場所。

趙磊記得孫皓正好在這家酒店工作，於是找到了他這個老朋友幫忙。然而，趙磊不知道的是，早在年初，孫皓因為與主管出現摩擦早已離開了這家酒店。

不過，看到老朋友為這事專門宴請自己，加上喝了點酒，孫皓拍著胸脯誇下海口說：「老兄，你的事就是我的事，我一定給你辦好！」

「兄弟，這事我不勉強你。我的公司是新公司，談判的主動權不多，實在不好做，你可別難為自己，大不了再想其他辦法！」

聽到趙磊這麼說，孫皓反而更加覺得要維護自己的形象了：「看你說的，我怎麼也是這家酒店的中階主管，這事你就放心吧！」

過後，孫皓開始忙碌起這事來，但結果可想而知：一個已經離職的員工，並且與上司產生過爭執，怎麼可能還跟原單位密切合作呢？一轉眼半個月就過去了，但孫皓這邊毫無進展。

這天，趙磊給孫皓打來電話，並再次強調：如果不好辦就算了。

孫皓意識到，如果這時候放棄，自己無疑丟了面子。但是，下一步該如何去做呢？沒過兩天事情有了轉機，一位老同事告訴孫皓：酒店可以與趙磊簽約，但不是總經理出面，而是他本人。因為，趙磊只是小客戶，不值得總經理親自來簽約。

聽到這個消息，孫皓異常興奮，立刻通知了趙磊。

幾天後，趙磊與孫皓的那位老同事簽了合同，並交了一年的服務費。當天晚上，趙磊邀請眾多朋友聚會，並多次讚揚孫皓辦事穩妥。直到這時，孫皓依舊沒有告訴趙磊他早已離開了那家酒店。

然而，讓孫皓沒想到的是，一盆冷水卻從天而降——第三天，當他與客戶去那家酒店消費時，卻得知酒店並未與他簽約。

在總經理室內，他得到了這樣的答覆：「我們酒店有明確規定，對於企業客戶必須由總經理親自簽合同，所以你的這份合同是假的。並且，與你簽約的那個人，上個月剛剛辭職。還有孫皓，他已經離職半年多了，根本不是我們酒店的員工！」

趙磊一下子傻了，他急忙聯繫孫皓的那位老同事，卻發現早已失聯。一怒之下，他將孫皓找來要個說法，要不就去法院。

一向愛笑的孫皓，這時再也笑不出來了，苦果只能自己咽下去。

你的身邊有像孫皓這樣的人嗎？為了讓朋友高看自己，面對任何請求，他都會不假思索地拍胸脯答應，卻根本不會想一想：自己是否能解決問題？如果解決不了，該怎麼妥善補救？

為了給朋友留下好印象，硬著頭皮答應對方的請求，但隨後丟失了自己的信譽，這真是得不償失。

那麼，拒絕真的有那麼難嗎？當然不。

相反，如果你第一時間告訴朋友自己的現狀，說自己對於這事幫不了忙，那麼對方又怎會平白無故地受到損失呢？

辦不到，只是因為能力不足。但辦不到也不去拒絕，那麼只能給朋友留下壞印象：人品有問題！

每個人都想讓自己形象高大起來，這是人之常情。但是，凡事過猶不及，不然自我形象保不住不說，還會給自己帶來難堪的局面。所以，面對朋友提出的一些無法做到的要求時，自己與其死要面子胡亂答應，倒不如說明情況婉言拒絕——這樣反而會讓朋友更加理解你的難處，欽佩你的為人。

當然，在拒絕的方式上，我們不妨下點功夫：

首先，給對方提一些建議。在拒絕朋友的同時，如果我們能夠給對方一些建議，那麼就會沖淡有可能產生的不愉快。

例如，你可以說：「對於這份設計方案，這幾天我的確脫不開身，實在沒辦法幫到你。但是，我知道有一份資料也許能夠幫上你的忙……」這樣，對方不僅會接受你的拒絕，還會因為你的建議而對你產生感激之情。

其次，拒絕別太生硬，讓對方理解你的苦衷。

拒絕別人時，最忌諱用冷冰冰、機械化的口氣說「不」——這樣做會傷害對方的感情，甚至讓他嫉恨你。所以，我們要按捺住內心的衝動，用一種較為和緩的語氣婉拒對方。

例如，一位朋友有個專案要做，這個案子下周就要公開招標了，知道你跟對方很熟悉，想找你幫忙約對方週末一起坐坐。你知道朋友公司的整體實力達不到這個項目的簽約標準，就應該用無奈的語氣說：「哥們兒，真是不好意思，雖然我很想幫你的忙，可是現在我正被一項新工作搞得手忙腳亂的，近期真沒時間，明天還要出差呢，所以你看……」

與此同時，你最好配合一定的手勢和表情，將那種心境體現得更加淋漓盡致。這樣一來，朋友即便再想麻煩你，也會不得不選擇放棄。

虛榮與面子，永遠是一對「好兄弟」

虛榮與面子總是息息相關。

一個人只要有追求榮譽的欲望，就不可能沒有虛榮心。但是，對愛面子的人來說，虛榮心是一種扭曲的自尊心，而愛面子是一種保護虛榮心的表現。他們將自我滿足的心理和情緒寄託在榮譽和他人的注意力上，整天活在自欺欺人之中。

有段時間，侄女筱筱鬧著要退學，說其他同學欺負她，不跟她一起玩。表姐聽了很納悶，懷疑筱筱遭到了校園暴力，就找班主任了解情況。結果班主任說，筱筱不受歡迎是因為她愛吹牛。

有一次，老師教大家認識世界著名的建築物，投影儀播放出自由女神像、比薩斜塔的圖片時，筱筱說自己去過那裡。老師信以為真，讓筱筱給大家講講旅遊的經歷，她卻說不上來。

類似的事情還有很多，比如筱筱說自己已經移民了，還說舅舅在哈佛大學當教授。一開始大家還相信，可很快就發現了破綻。八、九歲的孩子遠比大人想像中的聰明，筱筱越是愛自誇，同學們就越愛揭穿她、嘲笑她，還給她取了一個「說謊大王」的綽號。

表姐得知真相後都快崩潰了，她不明白筱筱怎麼會這麼愛虛榮。

其實，虛榮心人皆有之。隨著人們生活水準的提高，不但成年人，就是許多未成年的學生的虛榮心也在不斷地膨脹，好像什麼都滿足不了他們的欲望。比如，有同學過生日，大家送禮物時要看自家的經濟能力能否承受得起，而有的學生為了避免人家說他小氣，就「打腫臉皮充胖子」送貴重禮物。

愛慕虛榮的人，為人總是突出自我，急功近利；待人總是裝腔作勢，缺乏真情實感。為了獲得他人的羨慕與恭維，滿足自己的心理需求，他們往往會不惜一切手段地去撈取榮譽，特別是有些年輕人的婚戀擇偶觀已經畸變，就是要求「高富帥」「白富美」。

一個挺漂亮的女大學生，通過網路認識了一個比她大六、七歲的男士。

此男士穿戴的都是名牌，自稱畢業於知名院校，父親是企業家，自己也有一家公司。女大學生很快傾心於他。

交往了一個月後，此男士提出要帶女孩子去見自己的父母，於是當天她就在提款機上取了近萬元，準備跟他一起去買禮物。

此男士拿到錢後，逛商場的時候說要去趟洗手間，但是一去不返了。

心理學家說，虛榮是使人走向歧途的興奮劑，因為它能燃起一個人的邪念，使他失去理智的控制，最後導致終生的遺憾。

那些太愛面子的人，談吐、行為無一不清楚地展現出虛榮的氣息，於是，騙子往往能從他們身上打開突破口。

一般來說，虛榮心強的人缺乏自知之明，會高估自己。一旦自己在某方面不優秀或比不上他人，他們就會用虛假的東西來掩飾。可是，這正好就讓騙子鑽了空——有些美女在虛榮心的支配下向「有錢人」看齊，結果往往被對方騙財騙色，真是可悲可歎。

時代越發展，一些人的虛榮心越膨脹，表現也越多樣。有的男人太愛面子，只會無休止地攀比他人，久而久之就會精神崩潰。因為，死要面子會混淆你的思維判斷能力，讓自己走進自己挖的陷阱中。

因此，那些太愛面子的女人，不妨收起你的奢侈品衣服和包包吧，拿著它們上班、逛街絕不是一件多麼值得炫耀的事情；男人也要改變自己愛吹牛的習慣，不要用這種方式來顯示自己的強大。

如果你真的愛面子，那麼就應該立下大志，通過奮鬥創造屬於自己的榮譽——這才是最大的光榮。你取得了令人羨慕的成就，哪裡還用得著虛榮心？

愛面子要有度，否則只會成累贅

「愛面子」是人的一種重要和典型的社會心理現象，有些人非常愛面子，而且已經到了讓人受不了的程度——這就是問題了。

現代作家林語堂指出，對很多中國人來講，面子比其他世俗的財產都寶貴，它比命運和恩惠還要有力量。

中國人的確講究面子，比如說，甲跟乙借五千元，儘管乙最近手頭也不寬裕，但依然會爽快地答應，因為說實話會丟面子。

愛面子無可厚非，但要有個度。有的人就過度了，他們往往因為要面子而使自己受盡了委屈，這就是死要面子活受罪。這是一種高成本、低回報的投資，往往會讓人得不償失。說穿了，這不是為自己而活，而是為他人而活。

如今，「死要面子」這一人性的弱點還在不同程度地上演著。但是，這雖然能成全一個人的虛榮，也能因此毀了一個人的人生。

看看，如今死要面子的人大有人在，而且不在少數。例如，正在談戀愛的小夥子，往往喜歡在女友面前擺闊，即使借貸也要裝成有錢人；有的學生顧忌面子，過生日伸手跟家長要錢，然後吃喝玩樂一條龍。這樣的反面教材比比皆是，我們要引以為戒。

李昊是月薪族，可是因為生性豪爽、要面子，有人缺錢或急用錢總是第一個找他借。因此，他手裡的錢總是以奉獻為先——哪怕手頭緊，他就是去找別人借錢，也要滿足朋友的要求。

剛結婚時，妻子有一份薪水豐厚的工作，所以並沒有過度限制李昊的開支。可婚後不久，隨著孩子的出生，這對「月光族」才開始想到攢錢了。此時，因為孩子花銷大，再加上妻子要照料孩子辭去了工作，僅靠李昊的工資也未免捉襟見肘。

這個月底，李昊的同學登門拜訪，寒暄一陣後提出了借錢的請求。

妻子坦言他們最近手頭也不寬裕，可沒想到李昊當即斥責了她，說她是個小肚雞腸的女人，懊悔自己當初怎麼會跟她這種人在一起。隨後，他痛快地答應了同學的請求。

同學離開後，妻子對李昊說：「你天天要面子，這個同學找你借錢，你借；那個一般朋友找你借錢，你也借——你不就是害怕自己在別人面前抬不起頭嗎？剛才你當著外人的面羞辱我，你以為你維護了自己的面子，其實你恰恰丟了面子！」

妻子的一席話讓李昊恍然大悟：他當著同學的面輕賤妻子，不就是對妻子和自己的不尊重嗎？這樣的自己又怎麼會得到他人的尊重呢？

愛面子會讓你活得很累，一不小心會把你引入深淵，甚至會破壞家庭的幸福。可見，投資面子得不償失。

俗話說：「面子無常價，是寶也是草。」很多人覺得面子等於自尊，它會給自己造成麻煩。面子固然重要，但我們不必為了無意義的面子折騰自己，讓自己受苦、遭罪。所以，順其自然最可貴。

其實，面子就是虛榮心的表現。為人處世，雖然沒面子會受人歧視，可是太愛面子容易吃啞巴虧。因此，我們應該客觀地看待面子問題，在要面子的同時，也要過正常、健康的人生。

你有多少能耐能把任何事情都搞定？

「哥們，能幫我一個忙嗎？你聽我說，這事有點複雜……來，咱們到那邊沒人的地方去說……」生活中，我們一定聽朋友說過類似這樣的話。當我們繼續聽下去，多數時候會發現：這件事有風險，否則對方不會搞得如此神祕。

為了自己的安危，同時也是提醒朋友，多數情況下，我們都會選擇拒絕。但是，對方一意孤行，有些人最後還是被他說服了。結果你一語中的，最後出了問題他還會再次找到你，讓你幫他收拾爛攤子。

面對這種請求，我們該怎麼辦呢？

不幫他，你會被看作不講義氣、不夠朋友。幫他吧，你又會惹火上身，給自己添麻煩——儘管如此，大多數人最後還是會選擇硬著頭皮去幫他。

可是，你是否想過：你總是這麼幫對方，其實是在降低自己的信譽成分，甚至還需要承擔風險。

同事黃嬌家庭條件好，父母經營著一家效益不錯的公司，所以她覺得結婚對象可以沒有多少錢，但是一定要愛她、尊重她。後來經朋友介紹，她認識了現在的老公吳磊。

兩個人熟悉一段時間後，黃嬌對吳磊挺滿意的，雖然他出生在農村，但是很有上進心，工作也穩定，關鍵他是真心喜歡她，所以兩個人就確定了戀愛關係。去年他們登記結婚，一起在城裡貸款買了婚房。平時小倆口在城市工作與生活，只有小長假才回婆家，公婆對黃嬌也很好，她經常在朋友圈曬幸福。

可是結婚半年後，黃嬌就不太開心了。原來，吳磊是他們家族最有出息的，大學畢業後找了份穩定的工作，還在城裡買了房子，不少親戚都挺羨慕他們的。這不，兩人還沒過多久二人世界，大伯就打來電話，說堂哥要到城裡找工作，想在他們家住一段時間。吳磊二話沒說，立刻答應了。

堂哥來了以後，婆婆還特別打電話叮囑黃嬌，一定要熱情招待，不能失禮。可是，由於堂哥的生活習慣很隨便，比如他不隨手沖馬桶，擠完牙膏不擰好蓋子，這些生活細節讓黃嬌挺反感的。

堂哥在他們家住了兩個多月才走，可他這剛走沒幾天，吳磊的姑姑又打來電話，說女兒今年剛畢業，正愁找不著工作呢，想讓他找朋友幫忙給安排一下。

吳磊又一口答應了，事後他才發現，表妹學的是會計，他根本不認識這方面的朋友，沒法兒給安排工作。黃嬌建議表妹先投簡歷去面試，表妹嘴上說著謝謝，背後卻跟父母說，黃嬌夫妻倆不想幫忙。最後事沒辦成，還落下人家一肚子的埋怨。

吳磊就是個愛面子的人，面對別人提出的請求，不管能不能辦到他都會一口答應，黃嬌和吳磊談了幾次，但是都不奏效。後來她給婆婆打了通電話，說出了實情，婆婆知道了兒子的難處，也不再張羅著替親戚辦事了。雖然這樣得罪了一些親戚，但黃嬌夫妻倆的生活總算步入了正軌。

親友之間互相幫助，這本身無可厚非。但是，凡事都有度——如果自己沒有能力，但死要面子為親朋辦事，那麼，吃虧、不討好的人就是你。所以，我們必須學會拒絕朋友的過分要求，尤其是涉及底線的事情，絕對不能突破。

首先，我們要明確地告訴朋友，自己的底線是什麼。

朋友因為各種原因需要我們幫忙，我們就應該跟他說明：哪些事情自己責無旁貸地會幫忙，哪些事情自己不會去做。

例如，朋友讓你處理一些表格工作，你可以跟他說：「我能做的是幫你將文本格式、內容整理好，但是具體的資料資料我不會做。一來，這些內容涉及你的工作核心，我並不了解；二來，如果主管知道這是別人幫你完成的，你一定會受到批評。」

如果你的朋友懂禮貌、識大體，相信這樣一說，他就會欣然接受你的提議。

其次，陳述原因後，如果朋友依然執迷不悟，就直接拒絕。

比如，朋友依舊要求你幫他收拾爛攤子，這時你不要再被其他因素所困擾，而是應當直言相告：「我不是你的保姆，而且當時事因我也不清楚，所以不會為你闖下的禍端負任何責任。如果你真的拿我當朋友，就不應該把我向火坑裡推。」

這樣拒絕儘管聽起來有些不近人情，可這正是我們的底線。並且，如果你的朋友真的與你交心，那麼他就會收回要求，向你道歉。這時候，我們不妨安慰他一下，然後幫他找一些解決問題的方法。

誰都有缺陷，不必為了面子追求完美

我們都希望自己是完美的，總是怕別人看出自己的缺點——那樣會讓自己很沒面子。其實，金無足赤，人無完人。對人對事要求過高，刻意追求完美，就會成為人生煩惱、憂愁的根源。

南懷瑾先生認為，人有一點缺陷並非壞事，因為有缺陷才能夠促使其更加努力，逐漸地趨近于完美。的確，生命像是一部樂章，高低起伏才更顯得生動和鮮活，所以生活的真相是「不如意事十之八九」。

世間沒有真正完美的事物，一味地追求完美也是一種不完美。可能有人會說：我為事業付出了自己全部的精力，最終升了職加了薪，達到了自己的目的，這不是一種完美嗎？

更多的時候，一味地追求所謂的「完美」，只是人們心中美麗的錯覺。你要知道：世事的發展都是相對的，即使這一面看似達到完美了，另一面也難免會有缺陷。

這就像許多愛崗敬業的職員，他們一味地在事業上追求完美，付出了自己全部的精力和時間，也得到了一些回報，然而在另一方面，他們卻因此忽略了家庭的和睦與自己的健康狀況。對事業來說，他們可能已經做到了極致，但對家庭和健康來說是不完美的。

不可否認，追求完美是人的一種天性，這並沒什麼不好。人類也正是在追求完美的過程中不斷地完善著自己，創造著五彩繽紛的世界。

如果真的只因一點點缺憾或者不足便頑固追尋，耿耿於懷，那樣就失去了一個適度的平衡，也是自尋煩惱。因為，世界上根本就不存在百分百的完美，我們所謂的「完美」只是一個極具誘惑力的口號，一個漂亮的陷阱。

任何事物都有一定的缺陷，只有放寬心，才能促使自己更加努力，就像南懷瑾先生所說的一樣：「（生活）必須要帶一點病態，必須要帶一些不如意，總要留一些缺陷，才能夠促使他更加努力。」這樣才更容易實現人生的成功。

大草原上有一頭雄壯的獅子叫辛巴，它從小就立下雄心壯志，長大後一定要做草原上最完美的獅子。

辛巴通過經驗教訓發現，獅子雖被稱為「獸中之王」，但是在長跑中的耐力遠不如羚羊，這便是它最大的弱點。也正因如此，很多時候，幾乎快要吃到嘴的羚羊就那樣白白地跑掉了。

野心勃勃的辛巴想方設法要去改變缺點，而通過對羚羊長期的觀察，它認為羚羊的耐力與吃草有關。為了增強自己的耐力，它就學著吃起草來。最終，它因為長期吃草而變得很瘦弱，體力也大大地下降了。

母獅子得知這一情況後，教育辛巴說：「獅子之所以能夠成為草原之王，不是因為它們沒有缺點，而是因為它們在長期的生存過程中能夠時時更正自己的缺點，才超越了其他動物。」

例如，獅子的特長並不是天賦，而是熟練掌握的結果：超強的爆發力，卓越的觀察力，精準的撲咬等。如果一味地去追求完美，只會導致自己喪失本來的特長，反而達不到目標。

辛巴聽後，真切地認識到了錯誤，並且在生存中開始發揮自己的優點。兩年後，它終於成為大草原上最優秀的獅子。

哲人說：「不求盡如人意，但求無愧我心。」要知道，在這個世界上，真正的完美是不存在的。追求完美只是一種憧憬，只是生活的過程和體驗而已，我們只要做到問心無愧就是一種完美了。

人生總會有不如意的事情，我們需要保持一顆平常心，對各種得失、缺憾和成敗泰然視之。就如斷臂維納斯也很美一樣，我們不必為了空中樓閣般的完美而耗費自己的心血。

我們不可能做到任何一方面都非常優秀，其實，只要能突出一方面便已經很不錯了。

有些「醜話」就得說在前面

在社交中，人們大都以和為貴，彼此尊重，互相體諒，儘量不說「醜話」。但在必要的情況下，我們要把醜話說在前頭，給對方一個心理準備，讓他有所警覺。如果忽略了這些，以後出現了麻煩，自己就會給他人落下話柄。

很多時候，說醜話不是為了讓別人難堪，而是提前達成「君子協定」——在彼此清楚的情況下往來，就可以減少不必要的麻煩。

大學同學羅丹就因為沒把醜話說在前面而栽了跟頭。她畢業那年，正好一名學長開了家創業型公司，學長知道她有能力，就打「感情牌」讓她跟自己一起幹。

上學期間，學長確實也給了羅丹不少幫助，加上她臉皮薄，於是她就去學長的公司上班了。

雖說是公司，可加上學長總共就三個人，不過在他們的不斷努力下，公司的業務水準漸漸上來了——這幾年公司一直在發展壯大，甚至還得到了知名企業家的融資。

就在公司發展越來越好時，羅丹卻被學長踢出了局。

這些年，羅丹可以說是為公司立下了汗馬功勞，作為公司的第三個員工，也是聯合創始人，她卻沒有得到公司的任何股份。因為她相信學長的人品，也沒跟公司簽訂任何協定。所以，就在她向學長提出落實股權的事時，學長不答應，而且還讓她另謀高就。

可見，把醜話說在前頭有多重要。如果羅丹一開始就跟學長談判，要求落實公司股權並簽訂協定，就不會出現這種事了。生活中有不少人像羅丹一樣，憑藉口頭承認和所謂「你懂的」達成意向，結果往往是啞巴吃黃連——有苦說不出。

社交中，維護好人際關係，歸根結底還是為了自己的利益。面對利益問題時，我們不妨直言，不要因為不好意思就把話藏在心裡——很多時候，把話說出來才可靠。

「這怎麼好意思說啊？說了別人會不會生氣啊？」很多人在跟他人相處時總抱著這種心理，寧願自己受委屈也不願意把醜話事先說出來。事實證明，如此下去，你的心裡只會越來越苦。

說醜話是有原則的，不到必要時不要隨便開口——如果非要說，就一定要好好說，不能得罪人。

其實，跟人坦白說出自己的想法，是一種很自然的行為。每個人都有自己的苦衷，不能為了維持關係就委曲求全，不把醜話說在前面。尤其是在涉及利益問題時，一定要把醜話說在前頭。

很多朋友都因為利益問題發生過糾紛，最終不歡而散，大都是因為之前的話說得不夠透徹，後面才一直出現麻煩。

責任也一樣。一旦需要有人負責時，我們如果沒有說醜話，本能地推諉，甚至撕破臉面，大家就會老死不相往來。想想，這是比說醜話更糟糕的後果。

說醜話的方式有很多，掌握技巧後，醜話也可以說得好聽，讓別人心甘情願地接受。比如，要注意自己的語氣，不一定要一本正經或是非常嚴肅，其實完全可以用開玩笑的語氣跟對方說，這樣既輕鬆，又能達到自己的目的。

兩天前我買了一套VR一體機用來玩遊戲，朋友大鵬也想買，就說先借我的機子體驗一下。我買的機子不便宜，給他時就開玩笑地說：「這可是我新買的，我還沒怎麼用呢，要是弄壞了，你可要賠新的哦！」

大鵬笑著保證說一定不會弄壞。

用開玩笑的方式把醜話說在前頭，對方不但不會生氣，還會用心對待。這就是說醜話的好方法起到的好效果。

在說醜話時，你要說清楚前因後果，讓對方知道這麼做的好處和不這麼做的壞處，從而在心理上接受你的醜話。相反，有些人一開口就是醜話，其他的什麼也不說，這樣很容易讓對方心裡不舒服。所以，在說醜話之前要多下功夫，跟對方解釋清楚——儘量把後果說得嚴重一些，讓他引起重視。

在跟敏感或重要的人說醜話時，語氣要誠懇、委婉——如果說重了，對方會承受不住，或者對自己不滿。必要時，你要把姿態放低以此抬高對方，這樣他就更容易接受了。

徐峰是一家外貿公司的部門主管，他雖然職位不高，但資歷很深，很多人跟他說話都很小心，生怕得罪了這樣的「領頭」人物。

部門有一位同事叫劉江，他雖然年紀輕，但說話做事很有策略。有一次，他很真誠地對徐峰說：「徐主管，我要誠懇地拜託您一件事：公司制定了新規，誰要是完不成任務，就會扣獎金——您是公司的元老，我就拜託您起好帶頭作用了。」

徐峰被劉江這幾句話說得非常高興，他自然知道自己完不成任務也同樣會扣獎金的事實，於是欣然地接受了劉江的「醜話」。

在社交中，很多時候醜話是必不可少的，我們儘量要提前說好。但是，說醜話也要看對象，針對不同的對象，方式也應不同。

所以，只有掌握了正確的說話策略，才能在辦成事的同時又不得罪人，甚至還能體現出自己的交際能力，得到他人的欣賞和尊重。

把醜話說在前頭就等於給對方打了預防針，讓他做好心理準備，這樣能維護自己的利益，避免承擔不必要的責任，減少麻煩。

聊天時，不可碰觸他人的「污點」

每個人或多或少都有一些污點，畢竟人無完人，所以，在交際中我們絕不能只盯著他人的污點看，甚至對其不屑一顧。這是無禮的表現，不僅會傷害到他人，到處樹敵，還會影響自己的形象。

如果你盲目地自我感覺良好，總是輕易對有污點的人失禮，就容易處在危險之中。久而久之，你就會失去人心。

張冰是一家高級俱樂部的會員，俱樂部每個月都會舉行社交宴會，而且每次都會來很多名人，是拓展人脈的絕佳場所。所以，在那裡，大家都會盡情展示自己的交際之術，以此來獲得別人的關注。

張冰性格比較冷傲，她來這裡的目的就是尋找完美的合作人。在交談中，她從別人口中聽到了科技大亨張先生的「醜聞」：據說，張先生離過三次婚，而他的「老婆」偷了他很多錢跟別人跑了。

張冰一聽，就對張先生滿臉的不屑——她認為這麼濫情的人簡直可恥，怎麼能合作呢？

「嗨！你們好，很高興認識你們。」說曹操曹操就到，張先生過來打招呼，其他人都很熱情地給予了回應。

「哼！」張冰理都不理張先生，她徑自走開，跟其他人打招呼去了。

張先生非常尷尬，這也讓他記住了張冰。

有好幾個朋友都提醒張冰不要太過情緒化，不能對別人無禮，哪怕是有污點的人，他也有了不起的一面，說不定日後還能成為合作者。

張冰年輕氣盛，對大家的勸告不屑一顧。可這一行的圈子真是太小了，後來有一次張冰跟著同事去見客戶，沒想到對方正是張先生——只不過，他什麼也沒說，只是含笑看著張冰。

這時，張冰懊悔死了，她心想，當初自己讓張先生下不來台，現在對方肯定不會跟她合作了。事實上，張先生是個非常理智的商人，他沒有太為難張冰，但在合作期間只跟她的同事詳談合同細節。

此刻，張冰才真正意識到當初自己的失禮是多麼的不應該。從那之後，她再也沒犯過類似的錯誤——她時刻銘記，他人的污點絕不應成為自己失禮的理由。

當他人有了一些缺點後，如果你只盯著他人的缺點看，必然會變得心胸狹隘，從而失去更多的朋友。

人際關係非常複雜，如果你不能說出得體的好話，就不要信口開河。有些人就喜歡在背後宣揚別人的污點，甚至當面出言不遜，做出失禮的舉動。這是悲劇的開始，後果往往不能設想。

有人說過，與他人相處時，如果你在看到對方缺點的同時還能看到優點，那麼你們做一輩子的朋友也沒問題。所以，在社交時太過苛刻，很容易成為眾矢之的。

也許，你認為輕視別人沒關係，但對方會記住你的失禮，以致記恨你，不利於人際關係的建立和維護。所以說，交際時要時刻注意對方的面子，畢竟面子對每個人來說都是非常重要的，最好不要圖一時之快落了下風。

此外，很多人喜歡拿別人的污點打趣。也許，你只是開玩笑似的隨口一說，但對方心裡肯定會不高興。

「打人不打臉，罵人不揭短。」面對有污點的人時，一定不要提及對方的污點，以免招致對方的不悅。同時，當有人說及某人的污點時，我們也不要太當真地參與討論，更不能在聽完之後去大肆宣揚。

拿別人缺點說事的人，不僅會得罪當事人，旁人也會認為他無知，這樣反而損害了自己的形象。所以，當聽到閒話時，我們要及時制止。

其實，每個人也都有優點，都想得到他人的肯定。如果你能肯定對方的優點，必然會受到對方的感激，想獲取對方的幫助也會容易許多。總之，在交際中一定要約束自己，不做失禮的事。

李亮是個朝九晚五的上班族，下班後他經常會去附近的超市買點水果。一天，社區的臨街商鋪新開了家賣水果的攤位，他決定去看看。結果，他在挑完水果後才發現自己沒帶錢包，一時很是尷尬。

「你是李亮吧？」不承想，賣水果的老闆認出了他。

「對，對，我是，你是……」李亮連聲說。

「我是小杜啊，三年前在公司的後勤部上過班，你不記得了？」

這時，李亮才認出了小杜。當年，大家沒事就會笑話小杜，說他娶了一位醜妻，只有李亮尊重和認可他。

「這些水果你先拿著吃吧。」小杜非常熱情，讓李亮感動不已。

不難看出，多肯定他人的優點是贏得對方喜愛的好辦法。但是，如果在談話時非要提及他人的缺點，這時就要掌握正確的方法了。也就是說，你的語言要含蓄、委婉，最好一筆帶過。

社交需要彼此照應，如果你面對他人的污點能不失禮，來日自己犯錯時，對方也能以禮相待，保全你的尊嚴。這個道理很多人都知道，但往往會因為圖一時之快，害人害己。

客觀地去看待他人，用溫和的態度待人，你會發現世界會寬闊許多。

7
CHAPTER

社交不可情緒用事，否則所有人都離你遠去

仇恨是社交的一道鴻溝

在生活中，我們不太容易原諒別人，尤其是那些曾經傷害過我們的人。說不定在很久以前，或者就在昨天，有一個人無意中傷害了你，於是，你便會久久不能釋懷。

有位哲學家曾經說過，原諒是堵住痛苦的唯一方法。唯有原諒他人，你才能讓自己的心情更加舒暢。可是，不原諒又有什麼用呢？仇恨只能讓你變成一隻作繭自縛的蠶，將自己束縛在煩惱絲中。

如果冤冤相報，這樣不僅解決不了問題，反而只會讓雙方陷入永久的痛苦中——而寬容能治癒這種內心的傷痛。

海格力斯是古希臘神話中的一位大英雄，一天，他在崎嶇的山路中踩到了一個東西，這阻礙了他的去路，於是他惱羞成怒，想把它踩死。可意想不到的是，這東西非但沒死反而越來越大，最後擋住了所有的去路。

這時候，有位智者突然走出來說道：「不要踢它，你要遠離它，甚至不許記住它。因為它叫仇恨，你忘記它的話，它就會像當初一樣小；你侵犯它的話，它就會膨脹起來，擋住你的路，與你敵對到底。」

仇恨和敵意在我們與周圍的人之間築起了一道鴻溝，而寬容和善良則是跨越鴻溝的橋樑——待人寬容是一種美好的品質，在寬容別人的同時，也能給自己留下舒緩的空間。

有關實驗表明，寬容的情緒對身心健康能起到積極作用。曾有心理學家做過這樣一個實驗：他讓參加實驗的人用狹隘的心態回憶自己曾經受到傷害的場景，隨後再用寬容的心態回憶同樣的場景。

結果表明，在狹隘的心態下，參加實驗的人平均心率從每四秒一點七五次增加到了每四秒二點六次，並且血壓也隨之升高。可見，仇恨、計較等狹隘情緒不但會給人們的精神世界帶來負擔，還會影響身體的健康。

如果你無法原諒傷害了你的人，而是一味地怨恨，那麼，結果只會讓自己未老先衰，最終失去幸福。

曾經有人將怨恨比喻為「一條環抱在胸前的毒蛇」，認為它惡意的毒牙會傷害到你，甚至結果你的性命。所以，為了自己的幸福，我們也應該丟開怨恨的情緒，試著去接受對方。一個人有了寬容，才能克服不良情緒，做到心態平和。這是一個人美好的個性品質，同時是一種良好的生活態度。

在一輛公共汽車上，一個外地來的年輕人手裡拿著一張地圖研究了半天，問售票員：

「請問，去××大街應該在哪兒下車啊？」

售票員是個年輕姑娘，正剔著指甲的她頭也不抬地說：「你坐錯方向了，應該到對面往回坐。」這話也沒什麼毛病，錯了就坐回去，但她緊接著多說了一句：「拿著地圖都看不明白，還看什麼勁兒啊！」

旁邊的一位大爺聽不下去了，對小夥子說：「你不用往回坐，再往前坐四站，再換車也能到。」要是他說到這兒也就完了，既幫助了對方也樹立了好市民的形象，可他又多說了一句話：「現在的年輕人啊，沒一個有教養的。」

車上的年輕人多著呢，打擊面也太大了吧？

有個女孩子就忍不住了，說：「大爺，沒教養的畢竟是少數，你這麼一說，我們都成什麼人了？」說完，她又多了一句嘴：「像你這樣上了年紀的老人，看著挺慈祥，一肚子壞水的多了去了！」

一個中年大姐冒了出來：「你這個女孩子怎麼能這麼跟老人講話呢，你對你父母也是這樣說話嗎？」女孩子立刻不吭聲了，可大姐又多說了一句：「瞧你那樣，估計你父母也管不了你。」

接著，兩人吵成了一團。

「都別吵了！」售票員這時說道，但她接著又多說了一句話：「要吵統統都給我下車吵去，煩不煩啊！」

整個車廂立刻炸了鍋，乘客們分成幾撥開始罵人，有罵售票員的，有罵女孩子的，有罵中年大姐的……。

在現實生活中，每個人都不可避免地要與人交往，那就免不了磕磕碰碰的。此時，你若不去克制，不知忍讓，與對方撕破臉皮，那麼很可能會小事化大，麻煩不斷。

「大氣者大開大合，寬宏大量，坦坦蕩蕩。小氣者謹小慎微，手足無措，斤斤計較，常常戚戚。」一個人懂得退讓，就不會被認為是大老粗，同時，懂得退讓就會收穫好人緣。

換句話說，你如果想要培養大氣之美，想要擁有更好的生活和未來，就得學會適時、適當地讓步。

《菜根譚》曰：「路徑窄處，留一步與人行；滋味濃時，減三分讓人嘗。」凡事選擇讓步，表面上看像是損失，事實上獲得的會比失去的多。

多一些忍耐，你的人生就會不同

有人說：「其實，人與人都很相似的，不同之處就那麼一點點。」這一點點，便是忍耐力。一個能夠忍耐的人，是一個有足夠自控力的人——他對自己的雕琢更勝他人。

每個成功者都知道自己想要什麼，該做什麼和絕對不能做什麼。因為他們深知：「在成功的道路上，你沒有耐心去等待成功的到來，那麼，你只好用一生的耐心去面對失敗。」

韋文軍不是一個普通人物，他的裝飾設計公司短時間內就在深圳崛起了，這傳奇般的成功史值得我們借鑑。

美專畢業後，初到深圳的韋文軍在第一次面試時就經受了一連串的打擊。

一走進裝修設計公司的老闆辦公室，韋文軍這樣介紹自己：「您好，我叫韋文軍，今年畢業於……」還沒等他把話說完，老闆一揮手，道：「出去！我們公司不要剛畢業的新人。」

韋文軍當時難過極了，但他還是很克制地說：「雖然我剛畢業，但我還是挺有天分的……」老闆馬上打斷了他的介紹，大聲說道：「我們公司的員工個個都有天分，請你馬上離開！」

韋文軍沒有放棄，而是馬上拿出作品放到了老闆面前。老闆看了之後，感覺還行，就對韋文軍說：「我們辦公都是用電腦操作的，你可以嗎？」

韋文軍連連點頭說：「我會用電腦。」

經過軟磨硬泡，老闆答應給韋文軍一些日子的試用期。可是，沒過幾天，老闆就讓韋文軍走人了，原來他看出對於電腦操作韋文軍只是會些皮毛而已。

讓人如此看不起，自尊心受到了打擊的韋文軍依然選擇了忍耐：他再次表明自己想學軟體操作，可以不要公司的任何報酬，只要管吃管住就行。老闆想了想，點頭答應了，不過又加上了一條：讓他負責公司的清潔工作。

韋文軍接受了，從此，整個上午，他都在打掃衛生。中午吃上幾口飯，然後接著搞衛生。等所有的清潔工作完成後，已經到了下午。剩下的時間，他就跟別人學習如何操作軟體。

下班後，韋文軍還要再次打掃一遍衛生。簡單吃過晚飯後，他就開始讀書和學習軟體操作。

後來，韋文軍覺得自己還得多了解建築知識，於是產生了去總工程師那裡「偷藝」的想法。他發現，那位總工每晚有喝酒的習慣，他就用自己不多的積蓄買來各式好酒，還帶來一些下酒菜，以此套近乎。終於，總工默許他坐在自己身邊學習了。

從那之後，公司正式雇用了韋文軍，月薪二萬元。

工作了一段時間後，韋文軍畫的3D裝修效果圖就達到了非常高的中標率。

經過反復研究，老闆還發現韋文軍的色彩感也特別好，就立刻提升他做了設計總監，月薪三萬元，並不時給他一些大案子去做。

幾年後，公司得到了別墅群規劃的大單，韋文軍全權負責這個專案。此時，他已經非常老練了，而他的風景水粉畫功底也派上了大用場——他只花了兩個月的時間，就畫了三十七張3D效果圖。

韋文軍的設計效果圖受到了客戶的稱讚，客戶很快就將款項劃到了公司的賬上。

不久，韋文軍被老闆任命為藝術總監，這時他已經月薪六萬元，而且還有年終分紅獎勵。回首往昔，他為自己一年前還在公司打掃衛生、洗廁所的境遇感慨萬千。

兩年之後，韋文軍用攢下的積蓄成立了自己的裝飾公司。

人生總是充滿了機遇和挑戰，就像當初剛畢業的韋文軍，他沒有一技之長，三番五次地被人拒絕。但是，他憑藉著忍耐力和衝勁兒，從不要工資開始，從打掃衛生做起，最終成了一名技術精湛的設計師。

人因為有希望才能夠好好地活著，不管生活多麼艱難，只要不放棄對未來的希望，我們就有勇氣忍耐一切，在忍耐中前進。所以，我們也要像韋文軍那樣有一顆忍耐的心，有一顆充滿希望的心。

成功就是這樣，要忍耐，要對自己狠一點，不過是要花代價的。

別把無效社交當成逃避社交的藉口

網上很多文章在說：「你需要拒絕無效社交，它會給你帶來一堆麻煩和煩惱。」其實，任何一種社交都不是完全無效的，你不能以點概面，將你說的每一句話、做的每一件事都轉變為看得見、摸得著的利益。

當然，你更不能把拒絕無效社交當成逃避社交的藉口。

一名網友給我留言：最近一年我越發討厭社交活動，之前大學沒畢業的時候，每天還能跟舍友一塊兒打遊戲或喝啤酒，覺得這種生活沒什麼不好，很充實，整個人也充滿活力。可是實習後有了職業規劃，下了班就一頭栽進資料堆裡，想法子提升自己的專業技能。晚上，朋友叫我玩遊戲，我推掉了；週末，同事約我去釣魚，我拒絕了。我幾乎斷絕了所有我認為的無效社交，不做不能給自己帶來效益的事。

可是這麼做以後，我反而不快樂了。

某些情感博主、大V理直氣壯地說：「拒絕無效社交，你應該把時間和精力花在自我成長上！」

你看到後覺得他說得對極了——我坐在這兒跟你聊天，聽你說那些生活瑣事，還不如回家看兩頁書，至少我還能學到點什麼。於是，你開始拒絕跟朋友、同事聚會，一個人窩在家裡，大門不出二門不邁，還美其名曰：這是在精進自我。

直到有一天，你不得不參與某社交活動當中，在其他人都談笑風生的時候，你只能坐在角落裡，連個插話的機會都沒有——所以說，你不是實現了無效社交，而是借著這麼一個理由來逃避社交。

人類是社會性群居動物，誰也無法逃避社交，正如伏爾泰說的那樣：「自從世界上出現人類開始，相互交往就一直存在。」一些內向的人認為，既然自己不能左右逢源，那就別往人多的地方湊熱鬧，多給自己一些空間和時間，做自己喜歡做的事。

可是，在現實生活中，只要你不選擇隱居山林，就必須要面對社交這件事。

我和網友大芒探討過這個話題，她說她從內心裡不喜歡社交，覺得跟他人打交道特別累。在經過詳細的了解後，我發現她並非真心討厭社交，而是因為她在社交時總是不能很好地表達自己，以致覺得社交是一種拖累。

大芒個子不高，長相普普通通，工作能力也一般，每次跟同事、朋友在一起時，她心底就會生出一種自卑感：我比不上她們中的任何一個，比襯托嬌豔鮮花的綠葉還不如。

於是，大芒跟朋友相處總是小心翼翼的，生怕自己哪句話說得不好讓對方不開心。可是，每次看見同事或朋友互相開玩笑、戲謔對方，她又很羨慕，那種矛盾的心理讓她很難受，最後她索性回絕所有的社交，覺得這樣做就不會得罪任何人了。

大芒的這種行為正如一些大V的觀點——拒絕無效社交。可是，現在你是否徹底地放棄了社交呢？所以，不要輕易聽信任何人給出的建議，你要根據自己的需求來判斷是否採納。

在面對問題時，大多數人都是因為內心的恐懼感而盲目地做出選擇，比如借酒消愁，這只是一種自我安慰與逃避，它除了給你增添煩惱外，解決不了任何問題。所以，很多害怕社交的人，在與人交往時首先想到的不是「我是否需要」，而是「我要遠離這件事」。

有時候，陳舊的思維和壞習慣會影響我們的判斷和行動，一旦習以為常，我們就會變成像是被人馴化的動物，聽從他人的命令指揮，失去自己的判斷能力和思想。你要明白，你需要拒絕的不是社交，而是懦弱的自己。

每天只是抱怨，生活將沒有樂趣

現在的生活節奏很快，每個人為了將來都是又忙碌又辛苦。只是，很多人卻這樣抱怨：起床太匆忙，沒時間吃早餐；擠車時，被別人捷足先登，路上擁堵；策劃做得不好，被上司當面批評；同事升了職，自己還在原地踏步……。

也許，你的心裡還很有底氣：整天被這些煩心事糾纏，生活根本不快樂，我無法改變，抱怨一下也不行嗎？

但是，如果你糾結於這些事，自然會滋生抱怨的心理，那樣將很難得到快樂。你之所以抱怨不快，那是因為你在工作中只關注了痛苦，而沒有挖掘到快樂。

快樂不是憑空等來的，而是需要你付出實際行動——只有積極地尋找與發現，你才能領略到快樂的美好。

派克市場是美國西雅圖的一個特殊市場，之所以這麼說，是因為這裡跟一般市場不同——市場盡頭的魚攤前充滿了快樂的氛圍，眾多顧客和遊客都認為，到此處買魚是一種快樂的享受。

原因就在於：這裡的魚販雖然每天被魚腥味包圍著，幹著繁重的工作，但他們總是將笑容掛在臉上。而且，他們個個身手不凡，工作起來就像是馬戲團演員在表演一樣。

有一位來自威斯康辛州的遊客選中了一條三文魚，只見一名魚販淡定地站在原地，抓起魚向後面的櫃檯扔去，並且喊道：「這條魚要飛到威斯康辛州去了。」

櫃檯後的另一名魚販也露出了笑臉，順勢將魚接住，收拾完魚後，還不忘來一句：「這條魚飛到威斯康辛州了。」話音剛落，他就將這條魚打包完畢了。

圍觀的眾人見魚販們整個動作一氣呵成，不禁齊聲歡呼。於是，大家在笑聲中買了魚滿意地離去了。

儘管海風讓這裡變得很冷，可是魚攤讓這裡溫暖了起來。這就是著名的派克魚攤。與市場上的其他魚攤相比，它並不出眾，可它為什麼具有這麼大的魅力呢？

有一次，一名記者專程來這裡採訪魚販，問道：「你們在這種充滿魚腥味的地方工作，為什麼還能保持這麼愉快的心情呢？」

其中一名魚販回答說：「幾年前，這個魚攤處於破產的邊緣，於是大家整天抱怨連連。後來，有人建議說，與其每天抱怨，還不如改善工作的品質。在接下來的工作中，我們發現，快樂對於自己和顧客來說都非常重要。

於是，我們不再抱怨生活的艱難，而是把賣魚當成了一種生活藝術，並且創造出了『飛魚表演』。所以，不管哪一天，只要來了顧客，我們都要親切地問候他們，然後進行表演。就這樣，我們在工作中就找到了快樂。」

這種工作氣氛還影響了附近的居民，他們經常到這兒來跟魚販聊天，感受魚販的好心情。後來，甚至有不少企業主管專程跑到這裡來學習魚販快樂的工作方法。

所以說，一個人能否快樂完全取決於個人選擇——無論你是誰，無論你身處何種環境，只要願意在工作中尋找並發現樂趣，就能享受到好心情。

美國石油大王洛克菲勒曾說過：「如果你將工作看成是一種樂趣，那麼你的人生就是天堂；如果你將工作當作一種義務，那麼你的人生就是地獄。」

很多時候，我們總在抱怨工作的繁忙和單調，心中充滿了煩惱和無奈。其實，你不知道，工作快樂的秘訣不是「做自己喜歡的事」，而是「喜歡自己做的事」。工作的快樂就在每一個細節之中，需要你用樂觀的心態去領會。

大學畢業後，林曉嘗試過很多種工作。後來，她去了一家育兒網站，成了一名網路編輯。

林曉愛好文學，加上她非常喜歡小孩子，所以對這份工作很滿意。在工作中，她經常跟準媽媽們交流，並在組織現場活動時跟一群可愛的寶寶做遊戲。

雖然有時候需要加班，可是林曉沒有半句怨言，她還經常跟同學提起自己的工作：「我在工作中不僅學到了很多育兒知識，而且還結識了不少朋友。」

相比之下，單位裡其他幾個「懷揣夢想」的大學生，她們在從事網路編輯工作之後，覺得每天都重複同樣的事情十分枯燥，毫無新意可言。因為理想與現實的巨大差距，她們的心理無法達到平衡，始終牢騷滿腹，最後不得不離開公司另謀高就。

比爾・蓋茨說過：「如果只把工作當作一件差事，或者只將目光停留在工作本身，那麼即使是從事你最喜歡的工作，你依然無法持久地擁有對工作的熱情。」可見，一個人對工作沒有熱情，自然不會感受到其中的樂趣。

對待工作，抱怨的心態是不該有的。有一句話說得好：「沒有抱怨，你不一定會成功；但是有抱怨，你一定不會成功。」抱怨是妨礙我們工作順利和事業成功的大敵，必須剷除。

卡耐基曾說過：「如果我們有著快樂的思想，我們就會快樂；如果我們有著淒慘的思想，我們就會淒慘；如果我們有害怕的思想，我們就會害怕；如果我們有不健康的思想，我們就會生病。」

命運往往是公平的，上帝在關閉一扇大門的同時，必定會打開一扇希望之窗。你與其死守著那扇緊閉的大門怨天尤人，不如轉身儘快找到屬於自己的那扇希望之窗——看吧，外面就是藍天白雲。

所以，在生活中遭遇困難和挫折時，沒必要怨天尤人，而要用積極樂觀的心態勇敢地去面對，那麼，你定能從灰暗走向光明。

對工作充滿興趣，善於發掘工作中的快樂，你就能成為一個快樂的人。

你的人生不需要他人來肯定

現實中，我們為了迎合別人的目光，習慣用一些華麗的外衣去包裝自己。只有當自己的成績得到稱讚時，我們才有被肯定的感覺。然而，一旦自身價值受到質疑，我們便會對自己徹底失去信心。

「我覺得你完成不了這樣的任務。」

「這個工作你沒什麼經驗，堅持下去也是徒勞！」

「你的性格不適合從事這個行業。」

「原諒我不能嫁給你，跟你在一起，我看不到希望……」

七嘴八舌的議論從四面八方湧來，我們開始手足無措。當自我肯定的防線一降再降，我們甚至也開始懷疑自己的能力和魅力了。

當你接受了別人的批判與否定，你會變得異常怯懦、自卑，而看到朋友們風光無限，你會自嘆技不如人，自認什麼事都做不成。

有些人總覺得別人擁有的種種幸福是自己得不到的，自己不能與那些命好的人相提並論。然而，這樣的他們將會減弱自己的自信，同時減少成功的機會。試想，一個連自己都不挺的人，還能奢望別人給你怎樣的肯定和鼓勵呢？

哈佛大學心理學教授泰勒說：「當我們不接納與生俱來的價值時，我們其實是在漸漸地破壞自己的能力、潛力、喜悅和成就。」所以，大家應該記住：在這個世界上，除了你自己，沒有人可以否定你的價值。

《青島往事》的主人公滿倉就是一個不自我否定的人。滿倉是個命苦的孩子，繈褓時發高燒，燒壞了腦子，大夫說將來他會比其他人笨。養母知道滿倉是個好孩子，於是告訴他：「你比別人笨，就要比別人拙。別人坐著，你就要站著；別人站著，你就要走著；別人走著，你就得跑著。」滿倉一直把這句話記在心裡。

後來養母病重，臨死前告訴滿倉，他的親生母親在弗裡西家做工，讓他到青島尋母。滿倉一路要飯到青島，整整找了一年才找到自己的母親。可母親因個中原因不肯認滿倉，她害怕滿倉會給她的大兒子天佑帶來霉運。

骨肉親情，血濃於水。天佑第一次見到滿倉就覺得親切，他背著母親把滿倉帶到弗裡西面前，懇求他留下滿倉在店裡當夥計。弗裡西被天佑的真誠打動了，他說只要滿倉能在一個月內學會說德語，就留下他。

當大家都覺得這個笨呆呆的孩子學不會德語時，他竟然學會了，成為弗裡西店裡的正式夥計。

幾年後，滿倉決定開一家小染布坊。小嫚諷刺他說：「就你？你會染布嗎？你懂嗎？」滿倉卻說：「我不懂，但是我可以學。」後來，他開了一家染布坊，收益還不錯。再後來，滿倉去部隊當兵。小嫚擔心地說：「王滿倉那麼傻，要是子彈來了他不知道躲，中彈了怎麼辦？」

事實上，小嫚的擔心不是沒有道理的。剛開始，滿倉不會打槍，但是他夠拙，他知道使拙勁兒，每天都到操場上練習瞄準。每個人都說他笨，可是養母曾經告訴他：比別人笨，就要比別人拙。雖然滿倉沒有成為優秀的軍人，卻學到了軍人的精神：愛國和堅韌。

再後來，天佑被吉村陷害入獄，滿倉為替他討回公道，決定在生意場上跟吉村鬥個高低。小嫚生氣地說：「王滿倉，你懂期貨嗎？你知道期貨是什麼嗎？天佑那麼聰明都敗給吉村了，你有他聰明嗎？你能把日子過明白就不錯了！」

交易所的經理說：「王老闆，你回家好好染你的布，期貨不是你能做的。」就連對手都說：「他不是做期貨的料兒。」

總之，所有人對滿倉都充滿了質疑——笨，太老實，不是做生意的料兒。結果是，滿倉贏了，他打敗了吉村，把當初天佑被搶的家產都奪了回來。而這一切，都是因為他知道：我笨，就要比別人拙。

滿倉的大半輩子都活在別人的質疑和嘲笑中，但是他最後之所以能改變這一切，不是因為他聰明，而是因為他不曾放棄。

生活中，大多數人都認為自己能力有限，一遇到困難就只會責怪命運不公，於是選擇逃避、退縮。其實，只要努力多一點，自信多一點，我們同樣會成功。因為努力和自信的態度猶如風帆，是你乘風破浪的必備品，可以渡你直達彼岸。

一位哲人說：「你的心志就是你的主人。」所以，你不要因為別人的眼光而猶豫，也不要因為別人的質疑而從此萎靡不振。要知道，一個人沒有自信，就如天空的浮雲遊移不定。

如果這個世界上有一個人有資格否定你的價值，那就是你自己。如果你真的向自己投降了，那麼也就是不打自敗。我們應該時刻銘記自信的格言：「我想我一定能夠成功，即使現在不能夠成功，以後也一定會成功！」

天大的事兒也不能在辦公室吵鬧

每個人的價值觀都不相同，尤其是在工作中，如果因為一點小事就跟同事發生不必要的衝突，由此而影響了工作那可就不划算了。

這是因為，衝突過後一切都會恢復平靜，工作仍舊要持續，可是你和同事為此而產生了隔閡，從而會對工作造成一定的影響。

辦公室是公共場合，如果你在此大吵大鬧，有損自己的形象，也違背了職員的基本禮儀。所以，對一個職場新人來說，發生衝突後儘快去化解非常重要，否則可能會生出事端。

今天早上一上班，小椿就怒氣衝衝地走到老杜面前，把手裡的禮盒往辦公桌上一扔，質問道：「你什麼意思啊？成心的吧！」

上周，小椿和老杜因為工作的事鬧了點彆扭。兩天前朋友送給老杜一套名牌床上用品，他聽說小椿婆婆的生日馬上到了，想著他們都是同事，低頭不見抬頭見，還是和氣點兒好，就把床上用品拿過來借花獻佛。

小椿特別高興，還在老杜面前自我檢討了一番，兩人算是冰釋前嫌了。可沒想到，這才過了一個晚上，小椿就翻臉了。只見她打開包裝，禮盒裡面有一張附加紙，上面赫然寫著四個大字：贈品勿賣！

「這幾個字你不會不認識吧？昨天我把它送給婆婆當生日禮物，結果在全家人面前丟盡了臉，現在你高興了吧！」小椿生氣地說。

「這，這我也沒想到啊。再說了，這可是名牌，價格不便宜，這贈品——贈品說明它不是假貨啊！」老杜有些尷尬，他之前沒打開包裝，沒想到會發生這種事。

可小椿更生氣了，她翻出舊賬，說老杜欺負她，對上周的事耿耿於懷，結果兩人你一言我一語的就吵起來了。同事勸都勸不住，最後驚動了公司李總監。

李總監了解事情的經過後，說：「就這麼點小事，你們犯得著吵架嗎？」

老杜率先表態，說以後不會了，內部團結問題他還是分得清楚。可小椿餘怒未消，陰陽怪氣地諷刺老杜：「你不給我使絆子，我就謝天謝地了。」

李總監當即板起臉來，生氣地說：「這是公司，不是在拍電視劇！小椿，你這是什麼態度，以後要向老杜學習！」

等小椿平靜下來，才發覺自己失言了，擔心李總監認為她是個愛搞小動作的人。

在職場中，我們難免會與同事產生一些摩擦，但是切記要理性處理問題，不要盛氣凌人，非要爭個你死我活——就算你有理，但同事也會因為你的咄咄逼人對你敬而遠之。而與你爭吵的同事，更是會對你懷恨在心，這豈不是得不償失？

所以，當我們與同事產生矛盾時，應該心平氣和地好好商量，絕對不可以去爭個你死我活。要知道，無論任何事情，每個人都有自己的想法，會站在自己的立場上看問題，覺得自己就是對的。但大多數人在爭吵時無法做到將心比心，所以最後往往會不歡而散。

相反，假如你能做到善解人意，凡事都站在對方的立場上去考慮問題，那麼，很多衝突其實完全可以避免。

某洗髮用品公司新開發了一種產品，可關於產品的銷售方向是傾向於都市還是鄉村，大家在會議上產生了很大的爭論。

看到大家爭論不休，公司經理宣布暫停開會。

再次開會時，主張傾向於鄉村銷售的主管說：「雖然我從小生活在都市里，對鄉村不太了解，但我覺得在鄉村生活的人應該會喜歡這款產品，因為產品的包裝設計、售價都按鄉村風格來定的，不知道大家對此怎麼看？如果大家覺得我的想法是錯誤的，我也很樂意改正。」

沒想到的是，主管說完後，大家從爭論變成了討論，會議氣氛好多了。後來經過討論，大家都欣然贊成傾向於鄉村銷售的方案。

在職場中，大家對每一個方案的執行肯定都會有分歧，但當有了分歧後，是否需要爭吵呢？

這很值得商榷。其實，當你不那麼固執己見，而是就事論事時，你就會發現，雖然你無法完全認同對方的意見，但對方說的也並非全無道理——也許把兩人的意見綜合一下結果會更好，而且這也能體現出整個團隊的智慧。

那麼，在職場中，我們怎樣做才能化解衝突呢？不妨把握好以下幾方面：

首先，要學會以大局為重。

同事都是因為工作關係而走到一起的，因此我們要懂得以大局為重，形成利益共同體。大家一定要具備團隊意識，相互幫助，而不是拆臺，切記不可因為自己的小利而損害集體的大利。如果我們能以大局為重，那麼就能大事化小，小事化無。

其次，有異議時要求大同存小異。

同事之間由於立場等差異，對同一個問題難免會產生不同的看法。因此，與同事有分歧時，我們既不能過分地與之爭論，也不可一味地「以和為貴」，而應爭取求大同存小異。另外，我們還要學會冷靜地處理問題，這樣才能淡化矛盾，又不失自己的立場。

最後，學會寬容、忍讓與道歉。

同事之間發生了矛盾，你不要認為先說對不起就丟面子，所以別等同事來找你，而要積極主動地去道歉。

如果兩個人繼續爭吵下去，那會失去同事之誼；如果重歸於好，則會相安無事。所以，你不要總是等待別人來解決問題，自己要先負起責任。

有時候，當大家產生衝突的時候，我們不妨找機會主動溝通，表示一下自己的態度。如果你覺得工作時間不方便，可以約個時間一起吃頓飯，在輕鬆的狀態下交換一下彼此的看法。這樣，對產生衝突的原因不一定要分出誰對誰錯，關鍵是要把事情說清楚，雙方不要因此留下心結。

8
CHAPTER

商場社交，讓每個客戶都對你青睞有加

關係效應：商場之中，要懂社交之道

一般來講，我們所說的「關係」指的是人際關係，屬於社會學的範疇。這也就是我們通常所講的「人際交往」，例如朋友關係、同學關係、師徒關係等等。

中國最複雜的一門學問莫過於「關係學」，因為我們辦事都要靠關係——很多人情和面子就隱藏在關係中，一旦操作不慎，便會滿盤皆輸。

中國人講人情，好面子，這就提醒我們在為人處世的時候要學會拉關係。那麼，如何拉近彼此的關係呢？

從前有個姓王的窮秀才，他窮困潦倒的時候根本沒什麼人願意跟他來往。後來他中了狀元，不少鄉親跋山涉水來到狀元府，找他攀親戚。

這天來了四個人，他們都自稱是王狀元的族人，與他同宗共祖。

第一個人姓汪。守門官攔住這人道：「狀元姓王你姓汪，攀什麼親戚？」姓汪的人說：「大人！我是水邊『王』，現在準備搬家，不住在水邊上了，當然是一家。」

守門官一聽，這是哪兒跟哪兒啊，就把姓汪的趕走了。

第二個人姓匡。守門官問道：「狀元姓王，你姓匡，攀什麼親戚？」姓匡的人說：「我跟狀元同住一個院子，因為漲了大水堤垸潰口，我就成了破垸『王』。狀元當年逃水荒跑出了破垸，我們從此分開了，現在族人重逢，請您高抬貴手。」

守門官一聽，這是哪兒跟哪兒啊，把姓匡的也趕走了。

第三個人姓黃。守門官奇怪地問：「一個姓王，一個姓黃，你來攀親戚這不是胡說八道嗎？」姓黃的人說：「黃王兩姓，分字不分音；詩詞歌賦同一韻，五百年前一家人。」

守門官一聽，這是哪兒跟哪兒啊，把姓黃的也趕走了。

第四個人姓田。守門官大發脾氣道：「你呀你，姓田的怎麼也扯不到姓王的頭上呀！」姓田的人說：「怎麼扯不到？我比他們好扯得多，如果不要兩邊的臉，你說我是不是姓王呢？」

結果，姓田的也被守門官趕走了。

表面上看，這是一則笑話，然而裡面蘊含著值得我們深思的問題。汪、匡、黃、田四個人，他們與那位狀元本來八竿子打不著，然而在私利的驅使下，他們想方設法地要與狀元拉上關係。當然，他們敗就敗在太蠢了。

反過來說，如果汪、匡、黃、田四個人能揣摩揣摩那位狀元的心理，換個思路，找一些自己與狀元的共同點，並以此為突破口與狀元拉關係的話，即使他們之間八竿子打不著，說不定也會成功的——至少他們的做法不會令人不齒。

所以，在與人拉關係的時候，我們一定要多加注意細節。

其實，在人際交往中，很多事情與其說是能力和方法的博弈，不如說是心理的博弈。也就是說，我們要懂一點心理策略，不能單純地去說和做，而要用「心」去說和做——只有抓住一切可利用的時機巧妙地「拉關係」，才會實現溝通的效果。

多看效應：沒事的時候多露臉

在社交中，人們往往對熟悉的事物有偏向喜好的思維定勢，比如對自己特別熟悉的人容易產生好感。

有人認為拉長談話時間，與對方達到深度交流會加深彼此的熟悉度——實際上，要想與對方彼此更加熟悉，增加見面的頻率要比拉長談話時間更有效。

這是因為，經常出現在你眼前的人要比出現次數少的人留給你的印象更深刻。這就是見面時間長不如常見面的現象，也就是心理學上所說的「多看效應」。

所以，經常與對方見面，他就會更熟悉你，繼而可能更喜歡你。

楊慶華新到一家公司做業務員，由於跨行業在新業務方面不太熟悉。公司的一位前輩告訴他：「你制定一份計畫，每天堅持訪問五位客戶，這樣一個月就能拜訪一百多位客戶。堅持兩個月後，你就什麼都明白了。」

楊慶華問：「為什麼要這樣做？兩個月之後我又能明白什麼呢？」

那前輩很嚴厲地回答：「不要問我為什麼，原因以及感悟，兩個月後你就會在銷售實踐中體會到。如果你想成為好的銷售人員，就按我說的去做吧。」

楊慶華聽了前輩的話後，儘管有些不解，但還是用心地做業務去了。兩個月後，他終於有所體會，也總結出了不少經驗。

誰都知道，搞定對方的主管才能拿下訂單。但是，楊慶華發現主管一般都很忙，沒時間與你閒聊。而大多數推銷員，只要一遇到主管有時間便會緊抓不放，與之長談。這樣會耽誤對方的時間，容易引起對方的反感，結果只能導致失敗。

楊慶華使用的策略是「多見面勝過見面長」。他每天都去拜訪潛在客戶，有時會幫著對方做點雜務，有時會與之閒聊幾句——如果對方很忙，他就會知趣地離開。兩個月後，由於拜訪的客戶多了，楊慶華就掌握了不少談生意的技巧。同樣，客戶見他的次數多了，對他也就熟悉了，信任了。於是，他的訂單自然就多了起來。現在，他的業務能力遠遠地超過了其他同事。

楊慶華跑業務時頻繁拜訪客戶，不僅說明他認識了更多的客戶，學習了銷售策略，同時也擴大了他在客戶面前的影響力。再加上他很聰明，能夠不時地幫忙客戶做些小事，也不給客戶添麻煩，所以客戶最終選擇了與他合作。

此外，銷售人員如果性格開朗、樂於助人、人緣好，也容易給客戶留下好印象。可見，要想與對方建立良好的關係，平時要多「出現」在對方的生活裡。比如，節假日的時候，天氣有變化的時候，可以發短信問候一下對方。對方有空時，也可以請他出來坐坐，吃頓飯，喝喝茶或咖啡，以此來建立感情。

在人際交往中，一個人可能會具備很多優勢。比如，你長得漂亮，你很聰明，你與對方見一面就可能吸引他的目光。也許你覺得這就足夠了，事實上，只有經常出現在對方面前，你才能成為真正的贏家。

親戚朋友之間也是如此，你多與他們往來，就能加深彼此的感情，否則就會慢慢疏遠。我們常說「遠親不如近鄰」，就是因為我們與親戚不常見面，感情可能不如與經常見面的鄰居深厚。

每一次相見，每一次交流，都會使人際關係更近一步，雙方的感情更深一步。你要想與人熟悉，建立起好人緣，就得與對方常聯繫、常見面、常溝通。要知道人際關係的重點是，常見面勝過見面長。

朱容青和汪萍同為學生會幹部。朱容青活潑開朗，平時愛說愛笑很會交際，所以人緣很好。而汪萍性格內向，平時做事比較獨立，比較自我，不太善於與人交際。

朱容青沒事喜歡到宿舍串門子，與系裡的大多數同學都混得很熟。這樣既有利於學生會工作的順利開展，又能建立穩固的人際關係。汪萍則很少花時間去維護同學關係，很多同學都不知道她是誰。

畢業的時候，學校給了學生會一個留校名額，但需要同學們投票表決。汪萍這才想起搞人際關係，於是又宴請同學，又給老師送禮。相反，朱容青表現得很淡定。最終結果可想而知，朱容青得到了留校的機會。但這都是她平時常與同學聯繫、見面，保持熟絡的結果。

我們平時就要與別人常來往，而不要等到有求於人時才去拜訪對方。常見面，感情就會積累到一定的程度——就算你不求對方，對方也會想著幫你。

在節假日，我們要主動去對方的家裡拜訪，為他送上特別的禮物。有時禮物是否合對方的心意也決定著你留給他的印象，所以，送禮物之前，你要先了解對方的喜好，做到投其所好。

我們也可以在節假日邀請對方一起去旅行，旅行地最好選擇對方嚮往的地方——這樣才能保證旅行的品質，加深你們的感情。

此外，對方遇到了困難，我們要熱情地幫助他。這樣，當你遇到了難處，對方也會幫助你。

總之，常見面是促進雙方感情的最佳途徑，常見面勝過見面長。

軟肋效應：循序漸進，一擊即中客戶弱點

對銷售人員來說，通常會針對什麼樣的客戶去賣什麼樣的產品。

我們常說：「好的開始就是成功的一半。」所以，你千萬不要讓客戶一開始就對你產生警惕，否則你一張口，第一句話就決定了你失敗的命運。

銷售人員要對受眾群體進行分析，抓住他們的弱點，比如有人喜歡便宜貨，有人則喜歡高檔貨，甚至與己方便就行。因此，你一定要用自己的優勢直擊對方的弱點，這樣成交的概率才會大。

何培在一家出版社做發行員，有一次，他向一家大型書店推銷一套學習參考書。聽了他的介紹後，書店的業務經理開口就要訂二千套，但他並未因此而高興得忘乎所以。

何培認為，這本書今後銷售的好與壞會影響到出版社的聲譽以及他本人的業績考核，於是，他向書店的業務經理分析道：「據了解，貴市需要此書的學校為十五所，每所學校需要此書的學生為七十—八十人，每期可以學習三個月。因此，三個月內有一千二百套就夠了。

這既能保證貴店的銷售，又可避免積壓，影響資金周轉。」

業務經理聽後，欣然同意了何培的提議。三個月後，一千二百套參考書果然銷售一空。相比其他發行員只求書店多訂書，而不管庫存積壓與否，何培靠誠信贏得了客戶。此後，他在這家書店享受了一項特殊的待遇——只要是他推薦的好書，書店照單全收，並且會及時結款。而其他發行員常常不是被退貨，就是結款不及時。

武俠小說中，兩個人交手時只要攻擊對手的「命門」，就能達到一招制勝的效果。其實，這種方法也適應於推銷工作。

王虹是一名辦公用品推銷員，每天提著包穿梭在城市的寫字樓之間，一家一家公司地去推銷產品、積累客戶。這份工作一點都不容易幹，王虹不但要面臨被人從辦公室轟出去的尷尬，還要面對百十來張名片發出去卻石沉大海的事實。

一段時間後，王虹開始琢磨，怎麼才能讓自己的名片擺脫被對方隨手扔進垃圾桶的厄運呢？

有一天下班，王虹看見路邊上有一張對折的一百元紙幣，撿起來才發現這是一張小廣告。她靈機一動，到銀行兌換了二百元的一元硬幣，並把硬幣粘貼在名片上。考慮到這種特殊名片成本較大，不能見到什麼人都發，所以她篩選出一些目標客戶，希望借此獲得他們的注意。

還別說，這種特殊名片果然給王虹帶來了好運。好幾個老闆看她的名片設計得很有趣，就打電話讓王虹過來聊聊，這讓王虹贏得了很多銷售機會。

王虹的這種特殊名片，抓住了人們的好奇心理，吸引了大家的眼球。可見，想要在職場中贏得更多的機會，就要學會抓住客戶的軟肋。

很多銷售員總是會發出這樣的疑問：現在的客戶怎麼越來越難對付了，你費盡口舌，他們還是無動於衷，甚至有些銷售員還會因為推銷失敗而詆毀客戶。

但是，銷售員首先要清楚的是，客戶不是用來「對」的，而是要誠心合作，從而達到雙贏的。我們要擺正心態，不能認為銷售就是簡單地賣產品，完成業務量——以這樣的心態工作，永遠無法搞定客戶。

其實，客戶購買產品時還有其他原因，而這些原因通常是隱性的，需要銷售員自己去挖掘。這不是人們常說的產品賣點，而是客戶的「軟肋」或者「破綻」——只要找出這兩點，銷售也就不難做了。

這主要有以下兩種方法：

第一，避實就虛法。

這一方法應該運用在客戶對產品沒有表現出很大的興趣，即使銷售員費盡口舌，客戶仍然不為所動的情況下。

此時，銷售員應該避開銷售這個「敏感話題」，轉而與客戶聊其他事，比如話家常——但話題必須是客戶感興趣的。要想做到這些，就需要銷售員掌握客戶的一些資訊，同時還需要掌握客戶的心理。

另外，還有一種情況，那就是客戶對產品感興趣。對此，銷售員可以通過專業知識來說明客戶完成了解產品並最終實現購買行為。這也是一種避實就虛的方法。

第二，「圍魏救趙」法。

「圍魏救趙」是《三十六計》裡的一招，原指戰國時齊國用圍攻魏國的方法迫使魏國撤回攻打趙國的軍隊，使趙國得救，後指襲擊敵人後方的據點以迫使敵人撤退的戰術。

這一招用在應對客戶方面，要通過在客戶身邊的人身上下功夫來達到影響客戶的目的。這是一種關係營造法，常常被用在公關行銷上。

人們都重視家人，所以家人是能影響客戶的重要因素。比如，我們可以給客戶的孩子送學習文具，給客戶的妻子送化妝品，給客戶的父母送保健品等等。當然，能影響到客戶的具體因素還要根據具體情況而定。

最後，銷售員要始終記住，客戶永遠最關心的還是產品能給自己帶來什麼好處。

細節效應：名片雖小，裡面的學問可不少

很多人對名片有一種誤解，覺得談生意時才需要交換名片，其實名片已經越來越成為一種社交工具——一張小小的名片可以將主人的個性風貌展現出來，甚至還可以從中看出一個人或一家企業的文化。

名片在商務交往中更是被頻繁使用，它是一個人商業身份的說明，特別是在商務活動中，交換名片是相當普遍的事情。但是，很多人並不太清楚怎樣去對待客戶的名片。

李子睿是一家公司銷售部的業務代表，他剛工作的時候，就因為對名片不夠了解而吃了大虧。

有一天，李子睿打算拜訪一位新客戶，兩個人約好在一家咖啡廳見面。在此之前，他做了大量的工作，想好該怎麼向客戶介紹產品。

見面後，李子睿遞上了自己的名片。出於禮貌，客戶也回贈了一張名片。但李子睿順手接過名片後，看也沒看就放進了自己的口袋裡——因為他急於要向客戶介紹產品。

李子睿沒有意識到自己對待客戶名片的態度有什麼不對勁，結果客戶僅僅聽了幾分鐘的產品介紹後，就推託有事而匆匆離去了。即使後來他又聯繫了對方，對方也不再理會他了。

這是因為，李子睿對待客戶名片的態度讓客戶甚為不滿——要知道，名片象徵著一個人的身份，你不尊重名片就是不尊重客戶本人。

所以，作為職場人士，我們有必要注意一下名片禮儀——對待客戶的名片一定要慎重，接到後不能隨隨便便地裝入口袋。

如果交流的雙方對彼此都比較了解，那就不用一見面就急著給對方名片，而可以先直接進行交談，在交談結束後再給對方名片。如果有第三人在場，你應該在對方向你介紹過第三人後再遞名片，也可以在交談後交換名片。

遞名片的時候，要說幾句請別人照顧的客套話。如果對方回遞名片，你也應該恭敬地用雙手接過，並對著名片認真看一看，同時說一些恭維對方的好話。然後，將對方的名片放進你的公事包裡——不能看也不看地直接裝進衣袋，這是非常不尊重人的一種表現。

特別是在商務活動裡，如果你是去迎接客戶，而你們又是第一次見面，這時對方應該先主動給你遞名片。相反，當你去拜訪別人時，你也應該先遞名片。

那麼，具體到遞交和接受名片上，我們應該在哪些方面注意呢？

一、向別人遞交自己的名片。

在向別人遞交自己的名片時，態度要恭敬，動作上也應該謹慎。一般情況下，有三種遞交名片的方法：

1. 雙手的食指和大拇指分別夾住名片左右的兩端，禮貌地將名片送上。名片的正方向要對著別人，以表示對對方的尊重，使對方接到名片時方便去看，不必再倒轉。

2. 將食指作彎曲狀，與大拇指一起夾起名片，恭敬地送上。同樣，名片的正方向要對著對方。

3. 除拇指外，其他四指併攏，將名片放在手掌中心，並用大拇指夾住名片的一角，恭敬地送到對方面前。同樣，名片的正方向要對著對方。

這是遞交名片的常用方法。此外，遞名片時不能用一隻手隨便遞過去，這是不禮貌的，要切記。遞名片時，用食指和中指夾著名片去遞，這也是極其不禮貌的，就像拿手指指別人一樣。因為，隨意用手指人是對人的不尊重，同時還有挑釁的意思，會讓人反感。

大家不要以為遞名片是區區小事，並對此不以為然，它會直接影響到你與別人的交流結果。

二、接受別人送過來的名片。

名片代表了一個人的身份，所以接受別人遞來的名片時一定不可傲慢無禮，否則就是對人的不尊重。通常，我們要注意以下幾點：

1.用雙手接受別人的名片。如果你手裡拿著東西，應該先把東西放到一邊。實在騰不出兩隻手，你就要向別人說聲抱歉。

2.如果你一次性接到了多張名片，一定要對號入座，不能稱呼錯別人的名字，那樣會很尷尬。

3.有時對方會忘記給你名片，而你又很想得到，這時應該開口向對方索取。這會讓你贏得對方的好感，因為你的行為恰恰表達了你對對方的關注。

平等效應：客戶不分貴賤，每一位都是「上帝」

有些人比較勢利，看到衣著考究的對方就迫切地想上前攀交情，好把對方立即變成自己的準客戶。而對那些穿著一般的人就愛理不理的，心想：「反正你也沒錢買我的產品，別害我白費口舌。」

其實，每個人都是平等的，就算有的人確實不會帶給你利益，但忽略或者怠慢對方會顯得不禮貌。更何況，這年頭，衣著的樸素或豪華並不代表一個人有沒有實力。所以，我們要尊重每一位客戶。

林靈下周要去參加一個商業聚會，就讓蓓蓓陪她一起去買衣服。蓓蓓是個十分注意形象的人，出門一定要打扮得漂漂亮亮的，而林靈平時比較注重舒適，經常穿一身休閒裝。她們倆站在一起，林靈未免有些相形見絀。

進到一家品牌店後，導購A馬上迎了上來，熱情地詢問蓓蓓需要什麼說明。而店員導購B則走到林靈身邊，微笑著對她說：「美女，請問我能為您做點什麼嗎？」林靈告訴她自己需要一套職業套裙。

另一邊的導購A不斷地向蓓蓓介紹店裡的新款，給她推薦一些流行服裝並讓她試穿。蓓蓓覺得導購A很勢利，面無表情地說：「我陪朋友來逛街，如果我有需要再叫你，好嗎？」

聽了這句話，導購A的臉色明顯冷了下來，她退回到店門口，似乎是在等待新的客人。最後，林靈買了一套女裝，雖然蓓蓓什麼都沒有買，但是導購B依然熱情地招待著她，並送她們到了店門口，還說下個月有新款上架，到時可以來試穿並有折扣贈送。

客戶沒有高低貴賤之分，不管他是什麼身份，我們都必須給予尊重，切忌戴著有色眼鏡去看人。即使他現在沒有購買能力，不能成為我們真正的客戶，我們也應像對待其他客戶一樣，要把他們變成潛力股。

小歐之前在某奢侈品牌店裡當導購，她坦言，對於鑑別走進店裡的客戶是否會消費——不消費是真的有原因，還是嫌貴找藉口，其實有經驗的導購心裡都清楚。雖然如此，導購在接受培訓時，培訓師還是明確地告訴他們：導購的職責不只是推銷產品，還包括介紹品牌文化和歷史。

有一次，小歐遇到一對年輕情侶，從穿著打扮來看，他們應該是經濟條件有限的大學生。他們在店門口猶豫了一會兒才走進來，看著擺在展臺上的包包，女孩子想摸摸但又有點不好意思。

小歐注意到後，就走到他們面前詢問需不需要幫助。

女孩子看了一眼包包的價簽，有些不好意思地說：「這款包包的價格有些高，我們買不起。」

小歐微笑著說：「沒關係，你喜歡哪款我拿給你試背，不買沒關係的。」然後，她花了十分鐘給女孩子介紹了一些品牌知識，讓女孩子試背了喜歡的包包。

小歐說，雖然這對情侶當時沒有消費，但給他們提供平等的服務並不影響她的銷售業績。他們暫時沒有消費能力，但並不代表以後也沒有。

平等地對待每個來訪的客戶，這是作為接待人員最起碼的素質。

人情效應：幫助別人等於積攢自己的人脈

一個人不去幫助別人，難以積攢下人情。如果你的「人情銀行」裡沒有儲蓄，那麼你很難取款救急。現在就不如提早做好打算，儲蓄人情——這就是說，幫助別人其實是在幫助自己。

要想在商場競爭中生存下去，就要擴大自己的人脈圈，就要先學會真誠待人。如果你能拿出自己最大的誠意來，那麼你將能得到別人最大的回報。所以，看到對方有困難，你一定要盡力去幫。如果你能為對方雪中送炭，那麼他會牢記一生。

幫助別人是一種快樂，也許你未必能夠及時得到對方的回報，至少當時你得到了他的那份感激。總之，我們幫助別人也是在幫助自己。

此外，我們還要記住：當你得意時，對方能與你在一起，那並不一定是真朋友；但當你失意時，對方還能繼續陪在你身邊，那就是真朋友，值得一生相交。

電視劇《虎媽貓爸》中，畢勝男在弱肉強食的職場中奪得一席之地，坐上了總監的位置。她手下有個叫黃俐的實習生，知名大學畢業，性格好強，一心想超越畢勝男。

黃俐到公司報到那天送給畢勝男一瓶迪奧香水，可沒想到的是，畢勝男是個做事實在的人，根本不吃這一套，還教訓了她一頓。

有一次，黃俐在辦公室聽見畢勝男跟伍姐聊天，說起自己的糟心事——原來畢勝男一心想讓女兒去第一小學上學，可她害怕女兒考不上，就跟伍姐打聽認不認識人。

黃俐認識第一小學的教導主任，就湊過來說自己能幫上忙。畢勝男一聽特別高興，從此對黃俐特別好，介紹她認識自己的客戶，給她總結職場經驗。可後來黃俐聽說老闆的兒子也想上第一小學，她就調轉槍頭去幫助老闆了。

畢勝男知道這是無可奈何的事，就讓女兒晚上一年學，在家裡複習功課，為來年的應考做準備。

自從黃俐幫老闆搞定了孩子上學的事，老闆就對她特別器重，把一些重要專案都交給她去做。可是黃俐並不滿足，她想要得到畢勝男的位置，而捷徑就是用手段把畢勝男拉下馬。

黃俐很聰明，她挑撥老闆和畢勝男的關係，讓老闆對畢勝男心生不滿。雖然畢勝男識破了黃俐的陰謀，但是感覺公公婆婆太溺愛孫女這事並不好，所以她決定辭職回家好好教育女兒。

一年後，畢勝男的女兒如願考上第一小學，她也重新找了一份工作。可是冤家路窄，在跟一家飲品公司合作時，畢勝男居然再次被黃俐誣陷，公司讓畢勝男停職反省。在這段時間裡，畢勝男想辦法去查飲品公司的賬，終於查到了糊塗賬源頭——是黃俐做了手腳。

畢勝男覺得很失望，她覺得自己就像《農夫和蛇》裡的農夫，而黃俐就是那條忘恩負義的毒蛇，所以她決定舉報黃俐，讓她接受應有的懲罰。可是，當她發現黃俐懷孕後，畢勝男心軟了，再次饒了黃俐。

一年多後，畢勝男和杜峰辭職合作創業有機蔬菜。由於事業剛剛起步，他們缺乏一個擴展市場的能手。這時，畢勝男想到了黃俐——雖然黃俐兩次陷害了自己，但是她的確有實力。於是，畢勝男向黃俐拋出了橄欖枝，不但給了她合理的薪資，還不要求考勤，讓她有時間照顧孩子。

黃俐非常感動，她為自己之前的行為感到愧疚，並在以後的日子裡竭盡全力地幫助畢勝男。很快，有機蔬菜打開了市場，公司效益也有了明顯的提高。

做好事能夠讓你受益無窮，這個故事就是最好的例證。所以，幫助別人就等於是在給自己拓寬人生道路，為自己積攢人脈。

好人有好報。在這個世界上，懷抱感恩之心的人還是占多數，別人得到了你的幫助，就會記住你的恩情，當你陷入困境的時候就會得到他們的幫助。

近情效應：商場社交，跟誰都得多親近

在商場社交中，人們往往抱著這樣一種心理，即：對於與自己有相同之處的人，人們更樂於接近。所以，尋找並利用與對方的共同之處是拉近彼此距離的捷徑，也是最有效的方式。這是因為，這些共同之處會使我們與對方有共同話題，因此他就會更信賴你，更親近你。

此外，因為有著共同之處，對方很可能還會成為與你無話不談的朋友。

楊莉是一家建築公司的老闆，也是商場社交中的高手。有一次，公司打算參加一個工程項目的招標會。通過關係，她打聽到了負責這個專案的王先生。於是，她就一次次地去找王先生，然而每一次都吃了閉門羹。

楊莉信佛，有一次她去寺裡上香時，正好看到王先生也在拜佛，原來他也信佛。

過了幾天，楊莉得知另一位實力更雄厚的競標對手劉老闆把王先生請了出來，正在趕往飯店的路上，她便帶著助理以最快的速度也去了那家飯店。

到了飯店的大堂，楊莉佯裝也是來吃飯的，於是製造了與王先生和劉老闆的「偶遇」。她謊稱沒有訂到位子，希望能與王先生和劉老闆共進午餐，他們沒有拒絕她的請求。

上菜後，由於劉老闆點了很多葷菜，王先生遲遲沒有動筷子。這時，楊莉明白了緣由，就說：「劉老闆真是一番盛情，可是王先生和我都信佛，初一、十五要吃齋的。今天是十五，真是不能破戒呀！」

王先生很驚喜，忙問：「楊老闆也信佛嗎？真是緣分呀。」

楊莉聰明地把手腕上戴的佛珠露出來，接著說：「家母是信佛的，受她的影響，我也信佛。」

因為飯店不允許無故退菜，楊莉接著說道：「王先生，我知道有一家素食齋不錯，現在我就打電話訂位子，要不您跟我一起去吧。」

王先生當然樂意前往，便欣然答應了。

劉老闆這才看出，原來楊莉早有準備，可現在王先生去意已決，自己只好吃啞巴虧。

後來，因為有共同信仰，楊莉與王先生在素食齋談得很投機，關係也拉近了許多。再後來，但凡是楊莉的邀請，王先生都沒有拒絕過。最終，楊莉的公司在競標中奪了標。

楊莉正是因為發現了自己與王先生的共同之處，並加以利用，才得到了王先生的信賴，從而達到了自己競標的目的。可見，與人交往時，當你使用了尋找「共同之處」的辦法後，會很容易與對方拉近距離，得到意想不到的效果。

對對方來說，一旦看到你與他的共同之處，他就會很願意跟你交流，你可能會在很短的時間內就能成為他的朋友，甚至他會把你引為知己。因為，你們在交流中會產生情感的共鳴。

但是，如果你與對方沒有共同之處該怎麼辦呢？

其實，所謂的共同之處，你可以「製造」出來。也就是說，當對方把你看成「自己人」的時候，為了這份情感，你應該培養自己與他的共同之處——這樣你才不會枉費別人對你的信任。

但是，你最好不要牽強，而要讓對方意識到你與他的共同點是自然的巧合。這樣一來，你們之間就共同點的探討是有價值的，能讓對方看到你的內涵與底蘊。在共同點上，你獨特的魅力也許還能深深地吸引他。

在交往中找共同之處，首先要做的是通過周圍的人打聽對方的興趣愛好，以便提前做「研究」。

甯欣是售樓小姐，偶然結識了一位潛在客戶，客戶對小型別墅很感興趣。

甯欣意識到這位客戶有錢且品位極高，她就極力地向客戶推薦小型別墅，雖然她給客戶留了名片，可是客戶一直沒有回覆。

經過多方打聽，甯欣得知這位客戶酷愛網球。她就了解了一些網球知識，並報了網球速成班。學得差不多了以後，她就給那位客戶打電話，告訴他「無意間發現一家環境特別好的網球場」，還透露自己的網球打得也不錯。

接著，一個週末，那位客戶打來電話，約寧欣去打網球。原來，他的球友出國了，這時他就想起了寧欣。最終，在打了一段時間的網球後，客戶主動跟甯欣簽了購房合同。

可見，在交際中，你要多留心對方的一些生活和工作習慣，注意了解他的興趣愛好，從中尋找你與他的共同之處。你也可以通過觀察對方的打扮、表情、行為舉止判斷他的個性，還可以跟他探討日常生活問題甚至人生問題等。

總之，經過精細的觀察、探討，你就會尋找到你們的共同之處。一旦有了共同之處，你可以與對方拉近距離，從而達成你的交際目的。

9

CHAPTER

飯局裡的智慧，原來吃飯並不那麼簡單

飯局是個交流平臺，很多事都能吃著談

大家都喜歡坐著談事情，因為坐下來後，身體自然就會處於放鬆狀態，神經就不會像平常一樣繃得緊緊的，那麼所有問題自然就好談了。

而坐著談話的最好方式，一般是邊吃邊談。這是因為，吃飯是一件令人愉悅的事情，不但能讓你的身體得到滿足，更能讓你的心理感到輕鬆。那麼，接下來無論談什麼事情，大家都是在身心愉悅的狀態下進行的，其結果可想而知。

但這也要有一定的技巧，不是想說什麼都可以的。試想：當年的「鴻門宴」，項羽如果在劉邦剛坐下來後就直奔主題，惡狠狠地說：「無論怎樣，今天吃完這頓飯，我就會殺了你！」那劉邦哪裡還敢坐著吃飯？所以，即便是項羽那麼強橫的一個人，也是在酒過三巡、菜過五味後才慢慢切入正題的。

其實，每一個久經「飯局」的人都知道，飯局只是一個交流的平臺，觥籌交錯之間，不外乎求人辦事、簽合同等……所以，飯局不過是大家彼此認識與溝通的過程。

王麗麗是某公司市場部的職員，她這個人深知人情世故。在她看來，每天的午餐都能吃出各種門道。

一般而言，一家公司最為緊密的兩個部門就是市場部和客服部。但是，王麗麗所在的公司裡，這兩個部門的同事即便私交再好也不會在一起吃飯。因為，兩個部門的主管曾發生過不愉快。

一個月前，公司決定從這兩個部門裡挑選一名優秀員工出國培訓——大家都知道，海歸後就有可能成為公司高管，於是大家為此絞盡腦汁地表現著自己。

聰明的王麗麗並沒有像同事們一樣在提升業務水準上做文章，而是依照老闆的心思，分析出他需要有能力的人，更需要有管理能力的人，於是她便開始了「飯局計畫」。

午餐時間，王麗麗經常邀請市場部經理一起吃飯，以便了解他的近況。下班後，她又祕密地邀請客服部經理先後參加了幾輪飯局。

至此，王麗麗了解了這兩個部門主管之間曾發生的矛盾，而且從他們的口中得知，其實他們早就想和好了，畢竟同在一家公司，是兩個聯繫緊密的重要部門，如果關係一直這麼僵的話，其中一人早晚會被炒魷魚。

接著，在一個週五晚上，王麗麗以她過生日為名分別邀請了市場部經理和客服部經理參加了自己精心策劃的飯局。席間，王麗麗故意裝作喝醉了酒賣傻，讓兩個部門經理「一杯（酒）泯恩仇」。

結果，後來老闆便宣布王麗麗成為出國培訓的員工。因為，市場部經理和客服部經理都給老闆推薦了王麗麗。可見，做管理者具備能力是一方面，而協調好同事關係則更為重要——王麗麗就是這樣一名員工。

王麗麗知道，「飯」代表了自己的生存品質，而「局」可以決定一個人的發展前景。在交際中，飯局絕對不只是吃吃喝喝那麼簡單，「吃飯事小，出局事大」。首先我們要明白，某些飯局不能隨便參加，以防被人利用。

例如，像王麗麗一樣，如果在兩個部門主管關係僵硬之時，市場部經理把她當朋友，而客服部經理邀請她參加飯局，如果她輕易赴局的話，會在不經意間得罪市場部經理。所以，她一開始才會選擇祕密地邀請客服部經理參加飯局。

沒學會打招呼，也就沒必要組織飯局

打招呼是一門必修課。與人相見，不管是熟人也好，陌生人也罷，你都應該跟對方打招呼，而如果對方主動跟你打招呼，那自己更要給予積極的回應。

要知道，你問候別人是在表達對對方的尊重，是一種生活禮儀。而對方問候你，更是在向你主動示好——如果你不回應，是相當失禮的表現。

王蕊今天很高興，因為她約了很久的陳老闆終於答應出來跟她吃飯了。對銷售員來說，只要客戶肯跟自己一起吃飯，那談生意基本上是十拿九穩了。

見到陳老闆後，王蕊一下子就衝了過去，幾乎貼著對方的臉說：「嗨，陳老闆好！」但讓她意外的是，對方明顯地往後退了一步。

看著陳老闆微微皺起了眉頭，王蕊意識到自己剛才的舉動出了問題，於是馬上道歉，並解釋說自己太過激動了。

陳老闆依舊眉頭微皺，沒多大反應。但好在他沒有轉身走人，王蕊就馬上請他入座，開始跟他攀談了起來。儘管王蕊很努力地去捕捉陳老闆的興趣點，但他一直興味索然，對王蕊愛答不理的。

突然，王蕊看見自己的閨密出現在飯店門口，她立刻高興地揮動雙手，叫了兩聲閨密的名字。閨密走過來後，王蕊正打算招呼她一起坐下，這時才猛然意識到客戶正坐在自己對面。

此刻，陳老闆眉頭緊皺，擰成了一個「川」字。不等王蕊開口解釋，他已經先表示自己還有點事要去處理，說生意可以下次再談。

見對方去意已決，王蕊只能悻悻地送他走出餐廳，並為自己頻頻出錯懊惱不已。

王蕊未必不知禮儀，但她最大的失誤就是沒把打招呼這樣的細節放在眼裡。其實，打招呼雖然是一個很短暫的過程，但是能從中看出許多門道。

那麼，跟人打招呼的時候到底應該注意哪些問題呢？

首先，要注意距離。

這一點許多人都會忽略，王蕊就是在這一點上出現了失誤。每個人都有自己的安全距離，一旦被陌生人靠近就會頓生反感。所以，我們在與客戶、新認識的朋友打招呼時，需要保持一定的距離。

不過，這也不是說距離越遠越好——如果太遠，打招呼就不方便了。想想，你要是遠距離地跟一個人打招呼，使全場側目，這是對他人的一種干擾。這樣的話，一開始就是一種失禮。

其次，打招呼的方式要根據對象而定。

跟陌生人初次見面，打招呼要合乎禮儀，問好和示好都是必要的。而且，與對方的眼神交流應真誠而短暫，切忌目光閃躲或者長時間盯著對方，那會讓人產生反感。

跟熟人打招呼，可以不用那麼拘謹，寒暄就能讓對方感受親切，但切忌因為與對方熟識就肆無忌憚地亂說話。而且，如果對方是長輩，那就理應自己先問候對方，而不是等著對方問候自己。同時，男性應該先問候女性，以示自己的風度。

再次，要根據情境和場合而定。

就拿王蕊會見客戶來說。與他人談話時，如果碰到自己的朋友或同事，並想跟他們打招呼，這時一定要先徵求談話對象的意見，以示對對方的尊重。

你可以真誠地說：「不好意思，我看到一位朋友，你介意我跟他打個招呼嗎？」記住，切不可當著談話對象的面魯莽地直接跟他人對話，因為這會給對方留下不懂禮節的負面印象。

最後，並不是每次看見熟人都要很正式地跟對方打招呼。

比如說同事或者在同一家餐廳吃飯的朋友，短時間內你會多次遇見對方——如果每次見面都要正式地跟對方說「你好」，那會讓對方和自己都覺得麻煩。

所以，第一次遇見對方時正式地打過招呼後，再次遇見時只要相視微笑、點頭或者擺手就行了——這對雙方來說都是一種便利。

見到什麼人，就該用什麼方式打招呼，這不僅僅需要動嘴，更多的時候需要動腦子，不然你很可能失去本應屬於你的機會。

酒可以少喝，但該說的話卻不能少說

請客吃飯只是一個手段，要談的事情才是目的，也就是所謂的「正事」。有些人信奉「此時無聲勝有聲」的境界，認為正事對自己跟客戶來說都心知肚明，所以從入席到離席一點也沒有提及。

有些客戶是老客戶，你不說正事，他心裡記著；但有些客戶是新客戶，你不說正事，他也不好意思提醒你。這樣到最後飯都吃完了，對方有可能還不知道你為什麼要請他吃這頓飯，這就是你的失誤了。

人們常說未雨綢繆，因為機遇總是青睞那些有準備的人。不管是老客戶還是新客戶，請客吃飯之前，對我們自己要做的「正事」，心裡一定要有個準備。

所羅門在印度經營一家玻璃店，近期他的店裡新進了一批強化玻璃，這種玻璃的材質非常特殊，比市面上的玻璃還要堅固，通常用在高樓大廈上。

剛開始的時候，這種玻璃的生意並不好做，因為人們對它的特點、優勢幾乎一無所知。

後來，經過多方調查分析，所羅門決定舉辦一場晚宴來招待合作的商家，借此讓商家了解這種玻璃的其他用途。

晚宴進行得很順利，大家也吃得很開心。當大家吃完最後一道菜，覺得晚宴該結束的時候，有人忍不住問辦這場晚宴到底是為了什麼，因為所羅門對此一直在保密。

當大家都議論紛紛的時候，所羅門讓服務員為每人準備了一把小錘子。眾人正不知所措，這時，有個孩子一時調皮，拿起錘子砸向了眼前的玻璃桌子。只聽「咣當」一聲，眾人驚呆了。

大家正想著預料中的慘劇該怎麼收場時，卻發現玻璃桌子絲毫沒有受損。人們都愣住了，有些人不敢相信地試著拿起錘子敲擊桌面。

奇蹟在這一刻發生了，叮叮噹當的聲音成為這場晚宴美妙的結束曲。

所羅門一開始沒說正事，只是當晚宴將要結束的時候才突然給大家帶來了視覺和聽覺的雙重震撼——讓大家在好奇心的驅使下自己去了解真相，可謂「無聲勝有聲」。

兩天前曹丹對我吐槽，說很長時間不聯繫的老同學約她一起吃飯。原本曹丹覺得老同學找她是聯絡感情，就按照約定時間去赴約了。走進包廂後她才知道，除了老同學以外還有兩個不認識的人。

老同學非常熱情地跟兩個朋友介紹了曹丹，誇她是職場精英。曹丹有點摸不著頭腦，就跟他們隨便聊開了。

菜還沒上全，老同學就開口了：「曹丹，實不相瞞，今天約你見面還真是有事相求。我聽說，你們公司打算跟××公司合作研發一款功能飲料，你看能不能跟上邊說說，跟我朋友的公司合作，一旦事成咱們都有好處……」

曹丹一下子就明白了老同學的用意，本來介紹合作對象是件好事，可老同學的做事方式讓她很煩。於是，她放下筷子說：「你看，我原以為你是來找我吃飯的，既然今天是談公事，那就改天再約吧。」

老同學聽後著急地說：「你這話說的，別改天再約啊。我哥們也在這兒，你就跟他們談談！」此話一出，曹丹就更生氣了，直言說：「如果對方有意向可以親自到公司去談合作。」說完她就離席走了。

所以說，我們不能在飯局一開始就把正事掛在嘴邊，那會讓來人如坐針氈。當然，等到飯局將要結束時你才宣布正事，也會讓受邀之人產生被「脅迫」感，這同樣不妥。

你該怎麼說正事，在什麼時候說正事，裡面是大有學問的。但是，最重要的是你要事先有所準備，不能臨時抱佛腳。還是那句話，請客吃飯是手段，談正事才是目的，為達目的不擇「手段」，這才是你要考慮的問題。

讓別人印象深刻，就要吃的有「特色」

跟客戶溝通交流少不了宴請，請客戶吃飯前要先摸清客戶的品位，這樣才能有效果。如果飯店的檔次太高，會在無形中給客戶造成壓力——讓他覺得「吃人家的嘴軟」，這樣吃起來肯定不會踏實；飯店的檔次太低，會讓他覺得自己在你心中不重要，那生意就很難談了。

一般而言，請客戶吃飯應本著這個原則：舒適、簡約又不失「特別」。這裡所說的「特別」，指的是你選地方、點菜能夠「畫龍點睛」。

何謂「畫龍點睛」？鬧市之中的幽靜之處，大魚大肉之中的清爽小菜，都算是「點睛之筆」。也就是說，在客戶意想不到的地方吃一頓他意想不到的可口飯菜，這才是成功的關鍵。

其實，我們也可以把選擇權交給客戶，他所期望的檔次自己會選擇。如果客戶把問題推給你，讓你來選擇，這時候就得靠個人來發揮了。要注意，優雅的飲食環境始終是請客戶吃飯的首選。

李司所在的公司附近新開了一家客家珍味館，去吃過的同事都說味道很不錯，而且環境也很優雅。

李司最近打算請一位客戶吃飯，而在了解到那位客戶是客家人後，就想到了這家新開的菜館，為此他還親自去考察了一下——結果發現確實不錯，不但環境優雅、菜品味道好，而且那裡還有專門的品茶區，吃完飯後小坐一下非常愜意。

在請客戶吃飯的時候，由於一直在擔心手裡的單子，李司沒怎麼顧得上照顧客戶。還好，客戶對這裡的飯菜十分滿意，吃完飯去喝茶，對茶也是讚不絕口。李司一顆懸著的心這才慢慢地放了下來。

過了幾天，客戶爽快地簽了合同。李司很高興，暗想：以前都是請客戶吃日本料理，沒想到突發奇想了一次，不但少花費了一半，連合同都簽得很順利。看來，請客戶吃飯一定要找對地方。

這個故事告訴我們一個道理：「山不在高，有仙則名。水不在深，有龍則靈。」有時候，一點小特色比那些大手筆更能得到人們的青睞。

請客吃飯也是這個道理。客戶不是沒見過世面，他們可能就是不曾體會過那種身在鬧市卻仿若心在幽林之中的境界，不曾體會過身在異鄉卻仿若內心回到了故鄉的味道。所以，請客吃飯要摸清對方的品位，請出「特色」來才會事半功倍。

同事間的飯局，也並非想像中的隨意

每天的工作繁忙且辛苦，下班後約上幾位同事一起去吃飯，在飯桌上各自吐一下苦水，也不失為一種解壓辦法。但同事終究不是親朋好友，彼此間還有利益衝突，那麼，我們吃飯時就該有所注意話頭，不能無話不談。

如果碰到同事請客吃飯，就算他沒說理由，你也千萬別傻乎乎地就去赴約。你要先了解一下對方請客的原因，以免自己失禮，然後不妨備份禮物，或者事先與其他同事溝通一下。

王美鳳剛來公司一個多月，在後勤部門工作，人緣不錯。有一個週末下班時，人事部主管張仲說明天中午請客，還說會帶上自己交往多年但從未露過面的女朋友。王美鳳本以為他說著玩，但第二天上午同事聯繫後發現是真的，最後還是去了。

吃飯的地方是一家高級餐廳，王美鳳穿一身休閒裝早早就到場了，沒想到其他同事一個個的都精心打扮過，弄得她一下子臉紅了。

飯吃到了一半，張仲摟著女朋友站起來，說今天其實是他倆訂婚的日子，所以就想請部門同事聚一下。

大家聽了，一齊鼓掌祝賀，並紛紛拿出了自己或者合伙買的禮物送給了張仲。此刻，王美鳳想找個地縫鑽進去——可以想像，兩手空空的她處境是多麼尷尬。

後來，王美鳳責問大家為什麼不事先說一聲，大家就說她頭腦簡單，怎麼不想想主管請客吃飯的原因。也是，誰會平白無故地請客吃飯呢？

當然，不是每次同事請客吃飯都會有什麼特別的理由，不過就算是隨便聚聚，也不要小瞧了禮節問題。

比如，有的人在吃飯的時候喜歡開玩笑，以活躍氣氛。善意且有分寸的玩笑當然很好，因為能讓人放鬆，但是切記，凡事都有度，玩笑要是開過了就會讓聽者不舒服，那就招人嫌了。

開玩笑時，你一定要把握好以下幾方面：

首先，要了解開玩笑的對象。

跟你關係好的，而且懂你幽默的人，對他們開玩笑，對方會一笑了之。但有些人就是嚴肅、敏感，與這種人在一起時，開玩笑最好不要涉及他們的敏感點。還有一點，切忌開上司的玩笑，開了玩笑的話也許後果不堪設想。

其次，要注意開玩笑的內容。

同一個對象，開玩笑的內容不同，對方的反應也會不同。每個人都有自己的尊嚴，而每件事在每個人身上的體現也不同。所以，你覺得一個玩笑無傷大雅，但對方覺得他受到了侮辱，最後的結果只會是一拍兩散。

再次，你要清楚自己開玩笑的目的。

開玩笑只是為了活躍現場的氣氛而已，你的玩笑最好不要涉及別人的臉面問題，更不可拿別人的生理缺陷來調侃，尤其在女性面前不能亂說話。如果你的目的不純，最後只能自取其辱。

最後，玩笑千萬不可涉及隱私。

有些人喜歡在茶餘飯後聊八卦，調侃別人的隱私，並把這當成生活的樂趣。這是萬萬不可取的，因為大家都反感這種愛談論他人隱私的「八卦王」。

朋友是一家公司的老總，那天我去參加他公司的周年慶。在聚會上，他的祕書也在陪同，但是，因為酒稍微喝多了一些，那祕書的話也就多了起來。後來，她竟然開始揚揚得意地說起了老總與公司一位部門經理的婚外情，讓老總的形象瞬間崩塌。

事後不久，我再見朋友的時候，發現他的祕書已不是上次那位愛八卦的女士了。

很多同事之間關係融洽，但這並不意味著你跟誰都可以敞開心扉地聊天，更不意味著你可以拿別人的隱私來作為聊天的話題。所以，當你與同事一起吃飯的時候，千萬要注意以上這些禮節，這樣會讓你的同事關係更融洽。

飯局有始要有終，收局跟開局同樣重要

天下沒有不散的筵席，有開場自然就有收場。中國人講究盡善盡美，做一件事情需要好的開頭，更需要漂亮的收尾，如此才稱得上功德圓滿。

如果我們在開局和過程中已經耗費了大量心力，什麼都做到了盡善盡美，最後卻壞在了收局上，那先前所有的努力就都付諸東流了。所以，對待收局我們一定要慎重再慎重。

收局為什麼那麼重要呢？

這是因為，在你所談的正事尚未一錘定音的時候，如果急躁了，則可能讓「煮熟的鴨子飛了」；如果慢了，則可能錯過最佳時機。所以，我們爭取要做到像開局那樣不急不躁，以便遊刃有餘地完美收局。

訣竅就是細節。細節是魔鬼，因為它往往喜歡隱藏在人們背後，特別是在你即將成功前讓你功敗垂成。不會收局的人，就算在開局占盡先機，過程中又出盡風頭，仍免不了到最後被淘汰出局的厄運。

曾經有一位圍棋天才，他前五十手堪稱天下無敵，中盤也能做到攻守兼備，滴水不漏，但每每在最後的收官階段被人屠掉大龍（圍棋術語，指被吃掉一大塊子），功敗垂成。後來，他苦心鑽研數年，終於達到爐火純青的境界，在國際大賽中所向披靡。為什麼？因為，他的收官階段練就得堪稱完美——別人就算在布局、中盤占盡先機，最後往往會被他一舉戰勝。

他就是有著「石佛」之稱的韓國棋手李昌鎬。

可見，收局做得好，不但可以彌補開局和中盤的不足，有時還能使事情發生逆轉，向著有利於你的一面發展。

趙東雷是一家水產零售店的老闆，他希望每日能從一位大批發商楊老闆那裡進購當下銷售正旺的海鮮，於是就請楊老闆在自己專門供貨的一家鮮魚館吃飯。

楊老闆認為趙東雷的實力不行，而且又是分期付款，有點信不過他，要求他先交足百分之五十以上的預付款。但趙東雷一時拿不出這麼多錢來。

海鮮是當令產品，過了銷售旺季行情可能會變。趙東雷要想趁機多賺一筆，就得抓住機會，但對於剛入行不久且缺乏貨源的他來說，這的確很難。

趙東雷費盡口舌也沒能說動楊老闆給他優惠條件，但在他後來去結帳的時候，鮮魚館老闆死活不肯收他的錢，這讓楊老闆看得一頭霧水：「飯店怎麼有錢都不賺？」

事情在此也就有了轉機。原來，趙東雷是這家鮮魚館的供應商，他不但供貨及時，每筆賬也算得清清楚楚。鮮魚館老闆覺得跟他合作很實在，所以他在這裡消費不多一般不收錢，消費多了也就收個成本價。

楊老闆了解了這些事情後，從側面看到了趙東雷的人品，所以一回去就直接找他簽了合同，而且只收了百分之二十的預付款。

趙東雷請大批發商吃飯，雖然剛開始談得不順，但在最後的收局階段出現了逆轉——不但成功地取得了大批發商的信任，更把這單生意給做成功了，可以說是大獲全勝。

收局想要做得完美，需要一些細節來做鋪墊。在飯局中，我們除了要顧及對方的感受外，更要注意現場氣氛：快了，事情談不完；慢了，對方又覺得你囉哩囉唆，不夠果斷。

總之，飯局越是到最後，越是不能急功近利。把握住節奏，收局時定音的一錘才能夠砸得響亮，砸得乾脆，砸得完美。

10
CHAPTER

談判會場，雙贏才是最好的選擇

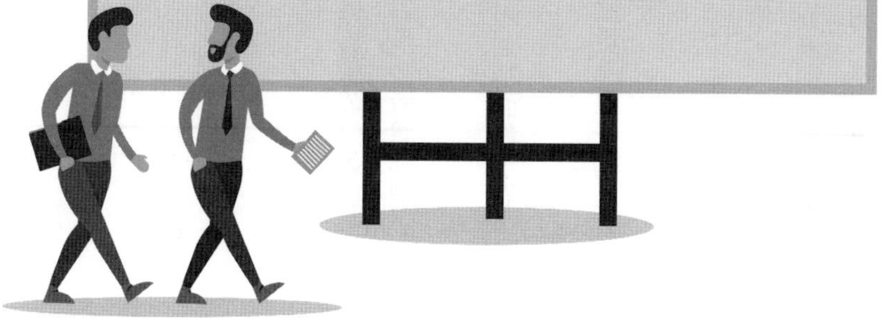

多站在對方的角度，贏面會更大一些

在與人溝通，尤其是在談判中想要說服對方接受我們的觀點時，我們無論是苦口婆心，還是「威逼利誘」，都不如換位思考來得直接、有效。只有站在對方的立場上去考慮問題，才能讓他心甘情願地被說服，這就是換位思考的力量。

昨天下班後，我和肖陽、魏薇結伴去公車站。路過水果店的時候，肖陽去裡面看了看，他看西瓜挺新鮮的，就問老闆多少錢一斤。

老闆說，二十元一斤。肖陽故作驚訝地說：「哎呀，你們家怎麼這麼貴，現在都入夏了，別人家都賣十元一斤！」

老闆生氣地說：「不愛買就算了，你上別人家買去。」

肖陽覺得面子有點過不去，出來後就跟我們說，這是一家黑店，亂漲價。

魏薇平時不愛評價別人，就勸肖陽說，既然水果店老闆不會做生意，就去別家買吧。但我覺得肖陽這事做得也不體面，就對他說：「肖陽，平時我都不愛反駁你的，不過這件事我倒是有別的看法。」

肖陽問我什麼意思，於是，我對他說：「要是你去買東西，老闆本該找你六元的零錢，但只找給你五元，你樂意嗎？」

「哪兒有這種老闆啊！我怎麼可能同意！」肖陽當然不樂意了。

我繼續說：「如果你覺得價錢貴了，可以跟他好好說說，講價不成可以換一家店，不用詆毀別人呀。」

肖陽沉默了幾秒鐘後，說自己確實忽略了老闆的感受，如果他是水果店老闆，遇到這樣的顧客估計也會不高興的。

溝通時如果雙方都能換位思考，那最好不過了。可是，一般情況下，大家都只會為自己著想，會想「對方應該怎麼做」，而不是「自己應該怎麼做」。如果雙方都這麼堅持，必然會讓談判陷入僵局。

這時候，假如有一方能說類似於「我們重新核算了一下貴公司的運營成本，考慮到你們的盈利情況，我們可以適當地調整報價」這樣的話，那麼就可能輕而易舉地打破僵局。

任何一個具有戰略眼光的談判者都知道，談判時決不能太貪心，妄想拿走談判桌上的最後一分錢。也許你會覺得這是一場大勝仗，但對方若也有同感，就會認為這是一場大敗仗，那你覺得你們還會合作順利嗎？

有一句名言是：談判桌上的最後一分錢，是最昂貴的。每一個談判高手都懂得利用甚至犧牲掉這最後一分錢，讓對方覺得他才是贏家。這樣，你的目的達到了，對方也覺得很成功。這才是雙贏的局面。

此外，在談判過程中，切忌倉促成交，否則會讓對方產生上當受騙的心理。

王小米是一個手機配件批發商，她經常在網上、實體店推銷商品。不過她是一個急性子的人，有一回，她懶得去跟合作了兩次的新客戶討價還價，心想：這個廠商都從自己這裡拿了好幾回貨了，就給他最低進貨價吧。

她打電話給這個廠商，說：「這次咱倆都痛快一點，也別討價還價了，就從我的要價和你的出價裡折中吧！」

廠商覺得這事有點蹊蹺，沒有立刻答應。王小米以為對方默許了，繼續說：「你放心吧，這個價格你絕對有的賺！」

王小米這回的報價很公道，比他們以往的成交價都低，她覺得廠商肯定很高興，以後能建立起長久的合作關係。可令人意外的是，廠商竟然拒絕了她，她驚異地問：「你為什麼不進貨了？這可比上次的價格優惠了不少呢。」

廠商說：「咱們都是做買賣的，嘴裡說著最低價格、絕對優惠，實際上這裡面有多少利潤，你比我更清楚。」廠商表示，如果想讓他進貨，王小米的報價必須再低三成。

王小米哭喪著臉說：「這個價格比進價還低咧！」可廠商就是不相信，他們的合作也終止了。

在談判過程中，切忌倉促達成交易。如果你像王小米一樣為了省去麻煩，實誠地給出一口價，對方不免會思考：這裡面究竟有什麼名堂，是這次的商品品質不好，還是以往給出的價格有很多利潤？所以，討價還價是談判最好的選擇。

談判開始前，寒暄的話語有奧妙

在談判開始前，談判高手會先跟對手寒暄一番，以此來探測對手的底細，找到對手的弱點，然後利用這些資訊在談判桌上打敗對手，為自己爭取更多的利益。

面對這些人，你一定要小心說話，以免失去先機。

在實際談判中，很多經驗不足的談判員容易犯這樣的錯誤：當對手表現得非常友好，找機會跟他們寒暄時，他們往往會放鬆戒備，在不知不覺間把重要資訊透露給對方。

日本松下電器創始人松下幸之助剛出道時就曾犯過這樣的錯誤。

那是松下幸之助第一次到東京，接待他的批發商在開始談判前，非常友善地跟他寒暄：「我們是第一次打交道吧？以前好像沒有見過你。」

聽對方這麼友好地對自己說話，松下幸之助立即也友善地回答：「您說得沒錯，我第一次來東京，希望您多多指教。」

批發商又問：「你準備以什麼價格出售你們的產品？」

松下幸之助仍然非常老實地回答：「產品的成本價是二十美元，我準備賣二十五美元。」

批發商說：「你初次來東京做生意，剛開始時應該秉承薄利多銷的原則，產品要賣得便宜一些。我看每件產品就先二十美元供貨，等打開市場了再說，怎麼樣？」

為了完成交易，松下幸之助只能吃虧答應了對方的要求。

案例中的批發商可謂是談判高手，他在沒有正式談判前就通過寒暄套出了很多有用的資訊。

比如，他先試探地說「我們好像是第一次打交道」，是想探知松下幸之助是生意場上的新手還是老手。而松下幸之助並未意識到這一點，因此很老實地「出賣」了自己——「我第一次來東京」。這樣的誠實、謙虛和禮貌恰恰透露出重要的資訊：我初來東京，沒有做生意的經驗。

如果就此打住也罷了，可是松下幸之助依然沒有提高警惕，而是在對方問價格時又老實地說出「成本價是二十美元」「準備賣二十五美元」。這就又把自己急於打開產品銷路的資訊透露給了對方，結果無形中導致自己失了先機，最終輸給了對方。

那麼，怎樣才能做到既不影響交談氛圍，又不洩露自己的重要資訊呢？

優秀的談判者往往能夠靈活應對談判，一旦涉及個人資訊，他們往往會巧妙地轉移話題。不僅如此，他們還能從寒暄中了解對手的資訊，搶佔先機。

下面案例中的劉峰就是這樣的談判者：

劉峰是一家公司的談判代表，上個月他和同事去揚州與一家公司洽談業務。開始談判前，對方熱情地款待了他們，席間，大家不免聊起家常，對方的業務經理張誠問：「你是第一次到我們這個地方來吧？」

劉峰說：「哪裡，我跟這座城市淵源不淺呢。」

張誠又問：「這麼說，你經常來這裡出差？」

劉峰說：「我來這裡很多次了，不過都是辦完事就走。一直聽說你們這個地方的小吃很有名，這次商務會談後一定要好好嚐嚐美食。」

張誠說：「那你準備在這裡待多久？我們這裡的美食可不是一、兩天就能全部嚐完。」

劉峰說：「我能嚐嚐幾種主要的美食就滿足了。對了，來之前我聽說你在美食方面也頗有研究。」

這讓張誠非常感興趣，於是他便開始講述與美食有關的話題。就在張誠滔滔不絕地講述自己的經歷時，劉峰獲得了一些重要資訊。比如，對方是一個講原則的人，與他談判要注意自己的言辭，多說軟話。於是，劉峰便使用這種策略讓後來的談判進行得非常順利。

在整個過程中，劉峰把運用寒暄的高超技巧展露無遺。開始時，對方想要通過寒暄了解劉峰的工作經驗，結果他巧妙地避開了話題；第二次，對方想要通過寒暄探知劉峰的談判期限，也被他巧妙地轉移了話題，並趁機激起對方的交談興趣，探知了對方的重要資訊，然後據此想出了策略，成功地完成了談判。

可以說，作為談判者，劉峰充分運用了自己的頭腦和口才，這非常值得我們學習借鑑。

不要把拒絕的話說得太絕

談判桌上的每個人都有自尊，很多時候你會為了照顧別人的心情不願說出自己的真實想法，結果使自己陷入了進退兩難的境地。給別人留情面固然重要，但是在照顧別人的同時也不能委屈了自己。

《三國演義》中有個十分有才華的人叫華歆，他曾經在吳國孫策手下任職。後來，孫權接替了孫策，但是他並無抱負，只想偏安江東。與此同時，曹操卻挾天子以令諸侯，在積極招攬天下英才，華歆便是曹操盛情邀請的人才之一。

華歆決定去投奔曹操，他的朋友、同僚聽說後，紛紛帶著厚重的禮物登門拜別，這些人饋贈的黃金有數百兩之多。

華歆一方面不想接受這些禮物，因為無功不受祿；另一方面，他又不好當面拒絕，怕讓人覺得自己不近人情。於是，當時他先將禮物全收下了。

正式出發的日子到了，華歆家裡熱鬧非凡，親朋好友都來送行。

華歆隆重地設宴款待大家，等到酒宴接近尾聲的時候，他對所有客人說：「這次遠行，我沒有想到竟然會收到這麼多禮物。我本來不想拒絕大家的好意，可是，考慮到我這次單車遠行帶著這麼多貴重物品上路，恐怕太危險了。所以，各位的好意我心領了，禮物還是請大家各自帶回吧。」

眾人聽後，知道華歆顧全了大家的面子，只好將禮物帶回，並且頌揚了華歆的高尚美德。

華歆一開始為了顧全親友的情面，接受了親友的禮物，後來又當眾含蓄地退回了禮物，大家不但沒有責怪他，反而都對他敬佩有加。這就是拒絕的藝術。

同理，我們在談判桌上也要注意說「不」的態度，既不能唯唯諾諾，又要在拒絕對方的同時給他足夠的尊嚴。

如果想要拒絕對方，也不能把話說死，類似這樣的話不要說：「我們絕對不會跟你們合作。」「我們再要是跟你們這樣的公司合作，那太陽真的會從西邊出來。」因為，把話說死，輕則讓自己尷尬，重則讓公司錯失良機，蒙受損失。

所以，你要委婉地拒絕對方，比如：「要不這樣吧，你把資料和聯繫方式留下，有消息我們會及時通知你。」「我們需要時間考慮一下，等有結果了我們會第一時間通知你。」

一家服裝公司新設計了一批冬裝，因為款式時髦且精緻，一上市就被搶購一空。因此，公司決定趕快再購買一批原材料進行生產，不承想，當時進原材料的廠家沒有庫存了。這個消息不脛而走，很快就有一些毛紡廠的銷售員來到服裝公司洽談業務合作。

服裝公司立即派出採購科的業務代表李桐跟對方進行談判。在洽談過程中，李桐了解到，有一家毛紡廠最近不是很景氣，就連老客戶也紛紛離他們而去。

李桐想，跟這樣的毛紡廠能合作嗎？於是，他對這家毛紡廠的業務員說「你可能要白跑一趟了，因為我們已經跟另一家毛紡廠簽了合同。」

毛紡廠業務員見多識廣，知道這是李桐的推諉之詞，便試圖打消他的顧慮：「我們廠以前在業界很有名，後來因為捲入一起經濟糾紛中導致信譽受損。其實，我們還是很有實力的，而且我們的布料絕對有保障，不信你看看，我特地帶了一些布料樣品來。」

毛紡廠業務員從背包裡掏出幾塊兒上好的布料樣品來。李桐看後，發現布料確實是上乘的，但還是覺得這家毛紡廠不夠可靠，況且，還有幾家不錯的毛紡廠可供選擇，所以不必去冒險。

於是，李桐很不耐煩地說：「你也別費勁了，就算你們的原料是最好的，做工是最細的，我們也絕對不會跟你們合作。」

毛紡廠業務員很無奈，但他還是做了最後一次努力，遞給李桐一份關於他們廠的詳細資料，還有他策劃的合作方案，然後微笑著說：「既然這樣，我也不勉強了。我把這份資料留下，如果你們公司看後改變了主意，請跟我聯繫。」

李桐沒再說什麼，接過對方的資料隨手扔在了會議室。

不料，這份資料後來被經理看到了，他立即向李桐詢問情況。李桐大致地說了那家毛紡廠現在的處境，並且以為經理會同意自己的做法。誰知，經理卻說：「不用再跟其他毛紡廠談了，就定這家了。」

李桐只好硬著頭皮聯繫那位毛紡廠業務員：「不知道你有沒有空，方便的話，我們談談合作的事。」

毛紡廠業務員反問：「你不是說絕對不會跟我們合作嗎？」

這讓李桐有點尷尬，他很不好意思地說：「抱歉，我把話說得太死了，差點錯過了你們這麼好的合作夥伴。」

在商務談判中不能把話說死，那樣很可能是「搬起石頭砸了自己的腳」。商場瞬息萬變，你永遠不知道下一秒會發生什麼，況且，人難免會有失誤的時候，你不能保證自己永遠正確。所以，為了避免自己陷於被動位置，不妨把話說得委婉一些。

進退自如，才是實現共贏的明智談判之道。

沒到簽約時，談判不算結束

談判中最重要的環節，當然是簽協定。不論你把談判的開場、中場、僵持階段處理得多漂亮，關鍵還是要拿到一紙合同。但是，當談判進入到簽合同這最重要的一環時，千萬不要因為過度興奮而忽略了對合同的審查。

當然，現在的協議動輒幾十頁，如果從頭審讀的話，就算你有耐心看，對方也不一定有耐心等。

談判時，雙方對主要問題往往都抱著高度警惕的態度，但是對一些小問題比如交貨方式等很可能會一帶而過。如此一來，就不可避免地出現了模棱兩可的情況。

對於有法律保障的合約，如果談判雙方都能非常誠信地執行，這是皆大歡喜的事。但是，如果有人偏偏針對合同的漏洞做出背信棄義的事來，那就麻煩了。遇到這種情況，我們能做的就是終止合作。然而，但凡遇到這種背信的行為，若是契約沒有法律保障，想要挽回損失簡直猶如水中撈月。

俗話說：「害人之心不可有，防人之心不可無。」談生意做買賣，總要牽扯到利益，難保他人不會在暗處搞破壞。這時候，白紙黑字的合約就是一種保護，在捍衛你的合法利益的同時也保障了對方的利益。

所以，當談判進入收官階段勝利在望時，一定要堅持讓自己擬定的協議或是合約被執行，這樣才能贏到最後。

某民營小廠研發出一種新型商用螺母的鑄造技術，並投入了生產。一家大企業聽說後，前來參觀。看過這家民營小廠的新技術後，對方表示非常感興趣，希望能共同合作發展。

當時，這家民營小廠的資金周轉很困難，對此是求之不得。於是，雙方在飯店裡就坐下來正式開談了。

談判中，由於民營小廠的廠長黃濤沒什麼談判經驗，對對方的種種要求都滿口應允，沒多久，他們就簽訂了合作協定。

但是，事後在執行合同的過程中，黃濤逐漸發覺合同中的許多條款對自己極為不利，比如合同中有這麼一項規定：產品由對方負責銷售，卻沒有明確定價。如此一來，廠子就得把運費白白搭進去。

這還不是最糟的，就在雙方剛合作了一段時間後，對方竟然宣布：由於銷路不好，貨款要不來，他們賠進去的成本需要兩家共同分擔。這讓黃濤叫苦不迭，因為當初簽的合約上寫的只是利潤四六分，並未提到任何責任賠償事宜。

可見，為了保證自己的利益，談判前一定要自擬好合約。

那麼，在條件允許的情況下，自擬定合約到底有哪些好處呢？

首先，這能夠清楚表達自己的觀點和意見。

在商務談判中，雖說一般不會出現因合約不詳而導致失敗的情況，但是由於立場不同，雙方寫出的合約往往會有一定的差別。所以，自擬合約能夠清楚地表達自己的觀點和意見。

其次，這便於自己選擇對己方有利的內容。

談判時，無論雙方進行了多麼詳細的溝通，都可能會遺漏一些細節。所以，自擬合約時要把那些對己方有利的遺漏內容補充進來。

最後，這能讓自己在時間上佔有主動性。

一旦你搶佔了先機，就可以決定寫合同的主動權。再者，這也是考慮到了發現問題可及時解決的需求。要知道，人性是懶惰的，如果眼前擺著現成的方案，而它又無關痛癢的話，多數人都會傾向於說：「好，就這樣吧。」

這時候，多數人會認為，與其跟對方坐下來針對某些細節逐一展開討論，倒不如選擇現有的方案。換句話說，通過草擬合約，你能主導很多細節。

那麼，怎樣才能寫好合約呢？下面三個要領值得注意：

首先，在談判中做好記錄。

在談判的開局和中局，基本還涉及不到誰起草合約的事情。即便如此，你也要在談判的過程中做好記錄。如果是你起草合約，要記得把對方答應的條件寫進去，同時也不能遺漏對方的承諾，避免產生不必要的誤會。

其次，每次都要仔細審讀合約。

「差之毫釐，謬以千里。」為此，從合約的起草到完稿，每次都要反復地仔細審讀，以便進行適當的修改。然後再仔細審讀全文，對比原文件和修改後的檔，檢查是否有遺漏之處。

最後，請旁觀者審讀指正。

俗話說：「旁觀者清。」很多時候，你自認為已經說清楚的事情，別人未必能懂。所以，當你把合約交給對方之前，最好讓己方其他成員審讀一遍，若有不當之處要及時改正。

值得注意的是，在商務談判中千萬不要貿然簽約，否則會跌進對方的陷阱裡。

談判結束後，記得向對手表示祝賀

什麼才是成功的談判？

那就是在談判之後，你讓對方感覺到他贏了。當對方在談判後有了勝利的感覺，他往往會自鳴得意，也就不去計較那些小的得失了。

如此，你可以向對方表示祝賀，並把這當成一種禮節。因為，尊重對方是談判的基本要求，如果你連這一點都做不到，那就沒有合作的必要和可能了。也就是說，當談判結束後，無論你感覺對方有多糟，也要表示對他的祝賀。

完整的談判過程包括開始、進行與結束三方面，一個優秀的談判者會兼顧到全部。談判開始時要注意措辭，過程中要掌握好策略，結束時要注意細節。這裡需要注意的是，很多談判者對談判的開始和過程可能會格外注重，而往往會忽略結束的地方。

其實，談判結束後還有很多話需要說，比如與對方握手表示祝賀，與對方微笑告別……注意這些細節能給對方留下好印象，實現共贏。

一部電視劇裡有這樣一段劇情：有一家公司生產了一批電子產品，而且馬上就可以上市了。這本來是一件開心的事，但是公司的負責人王董很焦慮，因為公司還沒有找到合適的明星作為代言人。

王董關注了一陣子娛樂資訊，終於選定了自己中意的當紅女明星做代言人。但約了對方幾次，人家總是沒空。終於等到對方有空了，王董立即親自去跟她洽談。

不巧的是，這名女明星已經答應給另一家電子產品公司代言，她明確地告訴王董：「真的很抱歉，我不能同時代言兩家同類產品，這不利於你們的發展，也有悖於我的職業道德。不過，真的很感謝你能給我這麼好的機會。」

聽到這裡，王董著實很失落，但他還是面帶微笑地說：「沒關係，我們遲了一步，下次有機會再合作。」離開前，他還友好地握手道別，「謝謝你能抽時間見面，也祝賀你能為××手機代言，希望以後你也能為我們的產品代言。」

女明星以為王董當時會冷漠地離開，沒想到他竟然友好地表示了祝賀，這給了她很大的觸動，她真誠地微笑道：「一定。」

後來，王董想換公司旗下的服裝品牌代言人，這次他還是很希望由那名女明星代言，於是便親自去找她商談。沒想到這次很順利，女明星一口就答應了，還說：「上次沒幫你代言，真是很抱歉，這次我就恭敬不如從命。」

讓王董更高興的是，由於這名女明星的代言，他們的服裝銷量直線上升。

王董在第一次談判結束時的友好態度，給這名女明星留下了深刻的印象，贏得了她的好感，所以在王董第二次跟她談合作時，她欣然答應了，最後實現了雙贏。這就是「道賀」的魔力。

談判結束，別忘了跟對方道賀——即使這次你沒有成功，但可以對他與別人的合作表示祝賀。比如說：「雖然我知道我們並沒有爭取到理想的結果，但很幸運的是，你們讓我從中學到了很多東西，謝謝你們，也祝賀你們合作成功。」

當然，假如雙方促成了合作，那你就更應該要祝賀了，你可以說：「預祝我們合作愉快！」也可以說：「久仰你們的大名今天算是開了眼界，佩服你們，也恭喜你們！」

當然，道賀的話不是越誇張越好，讚美更不是越多越好——相反，貴在真誠，點到為止。假如對方在談判中的表現略勝一籌，不妨心悅誠服地表達一下讚美，同時送上祝賀，這樣對方才聽著舒服，也會深深地記住你的禮貌。

總而言之，談判結束後要記得向對方道賀，注重這一細節，對合作有益無害。

談判的目的是雙贏

要想在談判桌上說服對方，往往就要相應地給對方帶去一定的利益。可是，有時候你並不能馬上給對方帶去現成的利益，但至少也要讓對方看到自己的利益，或者是許諾給對方利益，這樣才能打動對方。

蘇克在房屋仲介公司上班，兩天前他的一位客戶看中了一套二手房，可能是第一次購房所以比較謹慎，客戶想約業主面談。

兩個人見面後，客戶動之以情，向業主訴說自己有多不容易。他說現在房價太高，新開盤社區的房子買不起，跟未婚妻商量了好久，她才同意買二手房；他們不是本地人，在大城市打拼不容易，父母把養老錢都拿了出來，他們才交得起首付等，希望業主能讓一些利。

雖然業主表示理解客戶的處境，但一口回絕了他的請求。所謂交易，是雙方之間用利益互換，而非用情感去換取單方的利益。說白了，就是一手交錢一手交房的事。客戶想打感情牌，怎麼不想想對方的立場，誰願意虧本賣人情呢？

最後業主找到蘇克，希望蘇克再給他介紹一些新客戶。

在這個案例中，客戶在談判時始終圍繞著自己的利益關係——他希望業主可以降低房價，但這無疑讓對方損失了利益，所以談判失敗是意料之中的事。

前段時間《談判官》熱播，劇中第一場談判就是快閃公司和耶普公司進行合併。

這兩家公司都做了一款打車ＡＰＰ，在市場競爭上旗鼓相當。於是，兩家企業的創始人打算合併，可談判進行到一半時，快閃創始人陳莫猶豫了，雖然繼續與耶普公司競爭不是上策，但他不忍心放棄自己的公司。

耶普公司創始人非常想跟陳莫合作，於是請來談判官童薇相助。童薇用最短的時間了解了兩家公司的資訊後，代表耶普公司和陳莫進行談判。

首先，童薇指出如果兩家公司不合併，司機可以鑽空子獲利，讓陳莫了解到繼續鬥下去帶來的不利影響，從而要協調矛盾、解決問題。陳莫提出的顧慮是因為他考慮到，兩家公司合作以後，耶普公司會在市場上一家獨大，任何行業缺乏競爭力都是一件壞事。

這時，童薇喚醒陳莫的創業情懷，並站在用戶的角度去分析問題：如果兩家公司繼續鬥下去，用戶也會受到影響，最後陷入出行打車不方便的狀態。陳莫當初創做這個ＡＰＰ，是為了解決人們的出行問題，這種結果是他最不願看到的，同時也會給兩家公司帶來相當大的損失。

接著，童薇對陳莫說：「一家獨大肯定是不好的，但兩敗俱傷也是您不願意看到的，對吧……我希望您能給自己一個機會，也能給我們用戶一個機會。您覺得呢？」

陳莫考慮了很久後，答應合併公司。

童薇之所以能成功，是因為她一直站在對方的立場思考。試想，如果童薇自始至終都圍繞著「你不能再跟耶普公司鬥下去」這個中心點說服陳莫，而不告訴他這樣做對他有什麼好處的話，他是絕對不會動心的——相反，他可能會躲得遠遠的。

在談判中，我們不妨明確地告訴對方合作後彼此的獲益。真誠地向對方闡述清楚「一榮俱榮，一損俱損」的道理，拉近雙方的距離，從而促成交易。

真誠是難得的品質，有時候一個人的成敗不在其努力的程度，而在於是否真誠。日常生活中如此，談判中更是如此。

離開象牙塔，就要懂社會禮儀

剛入社會的大學畢業生，身上難免還帶著「學生氣」。但職場不是學校，同事不是同學，如果你不懂得及時調整心態，將很難與同事相處。因此，對方也許只會把你當成「小孩」，而不是能與他並肩合作的同事。

很多職場新人並沒有認識到這一點，在入職以後，他們根本不能很快轉變角色，在工作中很難融入職場環境。

《論語》裡記載，有人問孔子，怎樣才能成為一名君子？孔子的回答是：「興於詩，立於禮，成於樂。」也就是說，如果想成為君子，要先讀《詩經》，讓自己變得有文化；但要想變得成熟，就必須學習禮儀；偉大的人格在音樂中才能得以實現。

由此可見，禮儀是一個人擺脫「學生氣」走向成熟的標誌。

陳韜大學畢業後，順利地應聘成為一家飲食設備公司的市場專員，主要負責銷售以及市場推廣工作。

陳韜的專業很扎實，曾先後參與制定完成了公司的兩種品質體系的認證工作。但由於工作涉及市場行銷，他認為這與自己的職業目標不符，在幹了一段時間後就選擇了辭職。

隨後，他又應聘到了一家物流公司，擔任物流部主管助理，主要負責各部門的協調、業務開展等一系列工作。

陳韜本以為自己能幹好這個職業，但在具體的工作中遇到了很多問題。比如，在上下級關係的處理上，他常常是顧了東顧不了西，無法把各個環節掌控好。

陳韜認為，人際交往問題阻礙了自己工作能力的發揮，於是再次跳槽。

遺憾的是，儘管陳韜先後又跳槽了幾家公司，但都沒有待多長時間。他總認為公司給自己安排的工作根本不能發揮自己的專業技能，而複雜的人際關係問題也使他無法在公司裡長久地幹下去。

陳韜為什麼總會出狀況呢？原因就在於他過於注重專業技能的發揮，而忽視了自己作為職場新人要與同事、上下級進行交流。

其實，陳韜的經歷正是如今很多職場新人會遇到的問題。他們忽視了這樣的現實：在職場中，專業能力只是把工作做好的一個方面，而人際關係問題的處理，則是在很大程度上決定著工作成敗的另一個方面。

因此，職場新人要想成為一名真正的職業化人才，就必須擺脫自己的「學生氣」，提升自己待人接物的能力，把自己訓練成一個職場人。

那麼，如何打造自己的職業化道路呢？以下幾點可以參考：

首先，少說話，多觀察。

很多職場新人總是眼高手低，而且不善於控制自己的情緒，往往在沒有看清問題時就高談闊論，這會給同事留下自負的印象。如果同事對你產生反感，有可能故意刁難、打壓你。因此，學會少說話，多觀察，多思考，才是最重要的。

其次，少談理論，多實踐。

這是職場中的大忌，但很多職場新人都會忽視，他們總能提出近乎完美的觀點、計畫，卻忽略了理想和現實之間的差距。其實，無論是在職場中還是生活裡，我們都應該腳踏實地地做事，而不是做出多麼漂亮的方案而沒有辦法去實施。

最後，少稱兄道弟，多學點職場禮儀。

很多職場新人喜歡跟同事稱兄道弟，但一定要記住，在工作場合不要表現得過於親暱、毫無拘束，這是最起碼的職場禮儀。我們要多學習同事之間的相處之道，因為在職場中，同事與同事之間還存在著利益關係。

人生顧問 0371

別讓無效社交害了你：掌握人際交往心理學，擺脫以數量論社交的人生陷阱

作　者—朱鴻霏
主　編—林菁菁
企劃主任—葉蘭芳
封面設計—楊珮琪・林采薇
內頁設計—菩薩蠻數位文化

董 事 長—趙政岷
出 版 者—時報文化出版企業股份有限公司
一〇八〇三台北市和平西路三段二四〇號三樓
發行專線—（〇二）二三〇六—六八四二
讀者服務專線—〇八〇〇—二三一—七〇五
（〇二）二三〇四—七一〇三
讀者服務傳真—（〇二）二三〇四—六八五八
郵撥—一九三四四七二四時報文化出版公司
信箱—台北郵政七九～九九信箱

時報悅讀網—http://www.readingtimes.com.tw
法律顧問—理律法律事務所　陳長文律師、李念祖律師
印　刷—盈昌印刷有限公司
初版一刷—二〇一九年七月二十六日
定　價—新台幣三二〇元
（缺頁或破損的書，請寄回更換）

時報文化出版公司成立於一九七五年，並於一九九九年股票上櫃公開發行。
於二〇〇八年脫離中時集團非屬旺中，以「尊重智慧與創意的文化事業」為信念。

別讓無效社交害了你/朱鴻霏著.
-- 初版. – 臺北市：時報文化, 2019.07

面；　公分. -- (人生顧問0371)

ISBN 978-957-13-7877-0 (平裝)

1. 人際關係　2. 社交技巧

177.3　　108010761

本書繁體字版由文匯出版社授權時報文化出版企業股份有限公司出版
ISBN：978-957-13-7877-0
Printed in Taiwan